Karl H. Grünauer

HSU

4. Jahrgangsstufe Bd. I

Ich und meine Erfahrungen - Wünsche und Bedürfnisse - Zusammenleben

umweltfreundlich auf chlorfreiem Papier

ISBN 978-3-89291-**276-7**

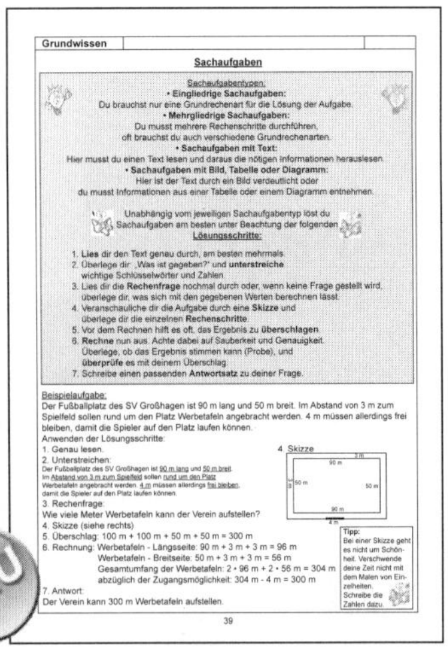

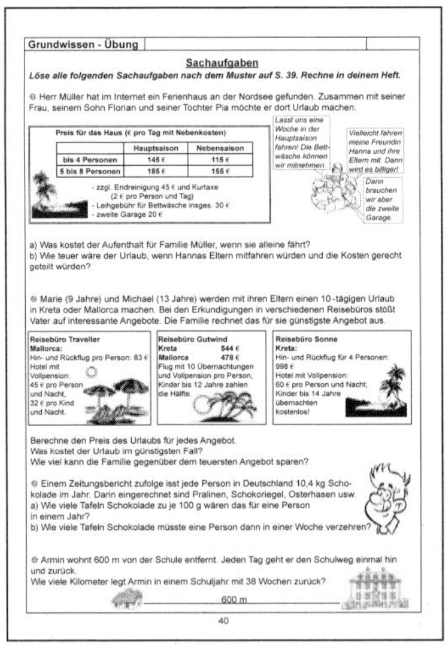

Inhaltsverzeichnis

Fit für den Übertritt

Nr. 372 *86 Seiten* € 17,90

Das Skript „Fit für den Übertritt" orientiert sich an den von der Kultusministerkonferenz festgelegten Bildungsstandards im Fach Deutsch für den Primarbereich sowie an den Anforderungen der Prüfungsaufgaben im Probeunterricht.

Es umfasst die Teilbereiche „Rechtschreiben", „Sprache untersuchen", „Aufsatz" und „Lesen". Dabei werden im ersten ausführlicheren Teil die Grundkenntnisse wiederholt und - mit hilfreichen Tipps versehen - geübt. Im zweiten kürzeren Teil kann der Schüler mit Aufgaben, wie sie in Aufnahmeprüfungen vorkommen, sein Wissen auf den Prüfstand stellen. Im Anschluss daran befindet sich der Lösungsteil, mit dem Lehrer bzw. Schüler die Lösungen überprüfen können.

Aufgrund der speziellen Konzeption sind die Einsatzmöglichkeiten für dieses Buch sehr vielseitig:

- Unabhängig vom Sprachbuch kann das Skript das ganze Schuljahr über als Kopiervorlage für Arbeitsblätter verwendet werden. Damit wird der Unterrichtsstoff jeweils am Ende einer Unterrichtseinheit gesichert und vertieft und der Lernprozess erheblich vorangebracht. Im differenzierenden Unterricht kann der Lehrer übertrittswillige Schüler mit einem Arbeitsblatt fordern und fördern und sich selbst schwächeren Schülern widmen.

- Das Skript kann aber auch am Ende der vierten Jahrgangsstufe zur gesamten Wiederholung des Jahresstoffes eingesetzt werden. Der Lernstoff wird erneut aufgegriffen und durch die zahlreichen Übungsaufgaben weiter vertieft. Zu Beginn eines jeden Lerninhalts wird das Wichtigste kurz zusammengefasst und anhand von Beispielen erläutert. Der „Merkfuchs" gibt zusätzliche Hinweise oder Tipps und verweist auf Fehlerquellen, die - auf jahrelanger Unterrichtserfahrung basierend - immer wieder gemacht werden.

- Schließlich kann das Skript auch Eltern empfohlen werden, die ihr Kind optimal auf den Übertritt vorbereiten wollen. Dabei kann das Buch ganz durchgearbeitet werden oder es können gezielt die Teile herausgegriffen werden, in denen das Kind noch unsicher ist. Durch die direkte Anrede des Kindes und die Tipps vom „Merkfuchs" ist eigenständiges Arbeiten möglich. Mit dem ausführlichen Lösungsteil kann der Schüler seine Bearbeitung selbstständig überprüfen und korrigieren.

Fit für den Übertritt

Nr. 371 *90 Seiten* € 17,90

Erzählungen
Schlüssellochgucker - Aufbau von Erzählungen
Wir schreiben eine Indianergeschichte. -
Geschichten schreibt man in der 1. Vergangenheit.
Das kleine Gespenst -
Mit Wiewörtern wird eine Geschichte lebendiger.
Münchhausens Lügengeschichten -
Vergleiche wirken besonders lebhaft.
Eine Tiergeschichte -
Ausrufesätze und Fragesätze erhöhen die Spannung.
Bildergeschichte „Susis Geburtstag" -
Gedanken und Gefühle geben die Stimmung wieder.
Witz - Die wörtliche Rede mit vorangestelltem Redebegleitsatz
Namen verwenden / Die wörtliche Rede mit nachgestelltem Begleitsatz
Abwechslung im Ausdruck - Wortfeld „sagen"
Eine Diebesgeschichte -
Abwechslung im Ausdruck - Wortfeld „gehen"
„Angst" kann man beschreiben. - Fortsetzungsgeschichte
Tiergeschichten schreiben -
Unterschiedliche Satzanfänge
Schreiben einer Reizwortgeschichte (Einführung)
Bildhafte Redensarten
Schreiben einer Eulenspiegelgeschichte
„Das junge Gänslein" - Erarbeitung der (ersten) Nacherzählung
„Der Fuchs und die Gänse" - Die abgewandelte Nacherzählung
Wir erfinden ein Märchen.

Briefe
Der persönliche Brief - Einladung zu einer Schulfeier
Der sachliche Brief - Dankschreiben
Sachtexte (Beschreibungen, Anleitungen, Berichte)
Personenbeschreibung: Pippi Langstrumpf -
Mit Wiewörtern wird eine Beschreibung genauer.
Wir schreiben Waldtierrätsel. -
Kurze Sätze sind verständlicher.
Gegenstandsbeschreibung: Fahrrad gestohlen -
Fachausdrücke erhöhen Genauigkeit und Verständlichkeit.
Kochanleitung: Pfannkuchen backen -
Sachtexte erfordern das Einhalten der richtigen Reihenfolge.
Wir lernen die (Bastel-, Mal-) Anleitung kennen.
Spielanleitung: „Himmel und Hölle" (Hüpfspiel)
Niederschrift: So hören wir.
Der Bericht: Umweltsünder
Kreatives Schreiben
Das Akrostichon
Elfchen zum Thema „Regen"
Rautengedicht zum Thema „Sonne"
Rondell zum Thema „Sonne"
Wir spielen mit Sprichwörtern
Begründung der eigenen Meinung -
Thema: Abschuss der Kormorane
Überarbeiten von Texten in einer Schreibkonferenz

Aufsatzarten 3./4.

Nr. 587 *144 Seiten* €20,90

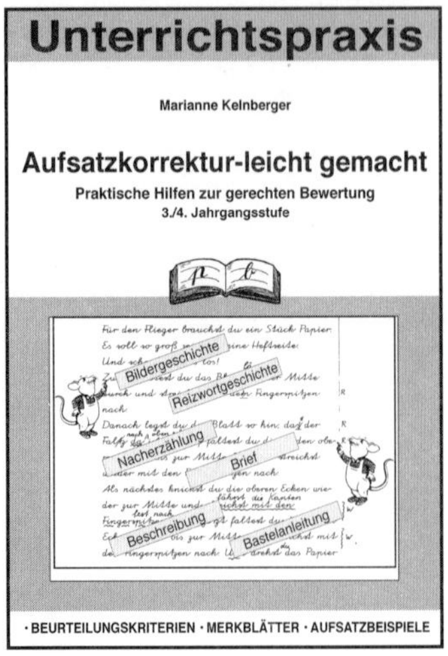

Das Skript bietet Ihnen im Einzelnen:

Information über die wichtigsten Aufsatzformen in der 3./4. Jgst.
Für jede Aufsatzart gibt es ein spezielles Merkblatt, das über die wichtigsten Merkmale der jeweiligen Erzählung informiert. Es ist als Lückentext (mit Lösungsblatt) gehalten und kann mit den Schülern gemeinsam erarbeitet werden. Die Angabe der Jahrgangsstufe erleichtert die zeitliche Einordnung, sie ist jedoch keineswegs verbindlich.
Klare, motivierende Arbeitsanweisung
Auf dem Aufgabenblatt findet der Schüler in anschaulicher Form die Aufgabe vor. Zusätzlich werden ihm die wichtigsten Bewertungskriterien in Erinnerung gerufen, so dass er genau weiß, worauf er beim Erzählen und Schreiben achten muss.
Gerechte Bewertung
Das Bewertungsblatt ist gegliedert in einen inhaltlichen, sprachlichen und falls erforderlich in einen formalen Aspekt. Hier finden Sie und Ihre Schüler die jeweiligen Bewertungskriterien und die Bepunktung aufgeschlüsselt. Die Rückseite bietet dem Lehrer zusätzliche Hilfen zur Bepunktung sowie einen Bewertungsschlüsselvorschlag. Um auch bei der Rechtschreibung eine faire Bewertung zu erreichen, wird die Länge der Geschichte berücksichtigt. In die Bewertung fließt daher die durchschnittliche Fehlerzahl pro Seite ein. Die Benutzung eines Wörterbuches ist erlaubt.
Individuelle Hilfe und Verbesserung der Leistung Ihrer Schüler
Mit dem ausgefüllten Bewertungsblatt erkennt der Schüler inhaltliche Lücken oder sprachliche Fehler sofort und er kann seine Geschichte gezielt verbessern.
Transparenz
Mit dem Bewertungsblatt können Eltern die Benotung klar nachvollziehen, was besonders in der vierten Klasse als wegweisende Jahrgangsstufe von großem Vorteil ist.
Arbeitserleichterung
Merkblätter und Aufgabenblätter erleichtern Ihnen die Vorbereitung eines Aufsatzes, die Bewertungsblätter werden Ihnen schnelleres Korrigieren ermöglichen.
Beseitigung von eventuellen Unsicherheiten
Für jede Aufsatzart liegt ein ausgewähltes, korrigiertes und bewertetes Schülerbeispiel vor um die Korrektur und Bewertung noch weiter zu veranschaulichen.

Bewertungsblatt
für die Beschreibung

1) Inhaltlicher Aspekt:

1. Einleitungssatz mit Angabe des Inhalts der Beschreibung (1) ☐
2. Hauptteil - Beschreibung ☐
Du hast eine gute Beschreibung geschrieben, die dem Leser Aufschluss über das Aussehen gibt. (12)
Deine Beschreibung weist folgende inhaltliche Mängel auf:
O *Wichtige Informationen fehlen.*
O *Manche Informationen sind unklar, überflüssig oder verwirrend.*
O *Du hältst keine Reihenfolge ein und springst hin und her.*
O *Deine Beschreibung ist zu ungenau.*
3. Schlusssatz (1) ☐

2) Sprachlicher Aspekt:
1. Du hast kurze, übersichtliche, aber ganze Sätze verwendet. (2) ☐
O *Du hast in Stichpunkten geschrieben.*
O *Deine Sätze sind zu lang, der Satzbau zu kompliziert.*
2. Du hast dich mit Fachausdrücken klar und präzise ausgedrückt. (3) ☐
3. Du hast mit Wiewörtern die Genauigkeit gesteigert. (3) ☐
4. Du hast dich um guten, abwechslungsreichen Ausdruck bemüht. (1) ☐
Deine Beschreibung enthält folgende sprachliche Fehler:
O*Grammatikfehler*
O *gleichförmiger Satzbau*
O *Wiederholungen* ☐
5. Du hast andere Wörter für „ist" und „hat" gefunden. (3) ☐
6. Du hast die Schreibzeit (Gegenwart) durchgängig verwendet. (1) ☐
7. Du hast auf die Rechtschreibung geachtet. (3)

3) Formaler Aspekt:

1. Du hast Absätze gemacht. (1) ☐

Inhaltsverzeichnis

Aufsatzkorrektur - leicht gemacht

Nr. 522 *132 Seiten* € 19,90

Vorwort

Unser zweibändiges Unterrichtskompendium „**HSU kompakt 4**" will durch seine Materialien Neugierde beim Schüler wecken, sich auf Mensch, Natur und Sache einzulassen, zu staunen über Einzigartigkeiten und gleichzeitig Brüche zu erkennen. Die Grundschüler sollten Einstellungen und Haltungen erwerben, indem sie handelnd lernen, Sachverhalte rational zu durchdringen und sich erlebnishaft sowie wertend damit auseinanderzusetzen. Wir hoffen, dass sie damit Leitlinien für Wertorientierungen, Sinngebung und vor allem verantwortungsbewusstes Handeln erhalten und erkennen, wie sie sich an Vorgängen in ihrer Lebenswelt beteiligen und diese mitgestalten können. Die Einzelinhalte sind, wie die Lehrpläne fordern, exemplarisch ausgewählt worden unter dem Gesichtspunkt, für das Leben der Schüler wichtig und von der Sache her ergiebig zu sein. Die Themen sind aus der **Lebenswirklichkeit** der Kinder gegriffen, zugleich bahnen sie behutsam mit Hilfe der in den Lehrplänen aufgestellten **Lernfelder** fachliches Denken an. Diese Verschränkung erlaubt es, Sachverhalte sozusagen „**mehrperspektivisch**" zu erschließen und zu vernetzen.

Der neue bayerische Lehrplan gibt folgende **Hinweise zum Unterricht**:

Der Unterricht knüpft an Vorerfahrungen und Erlebnisse der Schüler an. Die U-Methoden sollen das aktive Lernen der Kinder fördern und sind am Lernbegriff des eigenständigen Konstruierens des Wissens orientiert. Originale Begegnung und selbsttätige Auseinandersetzung mit der Wirklichkeit sowie ein verweilendes und anschauliches Lernen mit vielen Sinnen sind Grundlage der Erfahrungs- und Erkenntnisbildung. Neben situativen Anlässen sind dafür u.a. Unterrichtsgänge zu außerschulischen Lernorten, Aufenthalte in Schullandheimen, die Einrichtung und Pflege eines Schulgartens, die Beteiligung der Schüler an Aktionen und örtlichen Ereignissen einzuplanen.

Vor allem folgende **Lernformen** unterstützen die **Erziehung zur Selbstständigkeit**:

a) forschend-entdeckendes Lernen:

Die Schüler entwickeln Annahmen, überprüfen sie und finden möglichst selbstständig die angestrebten Kenntnisse heraus.

b) problemorientiertes Lernen:

Der Lernweg geht von Fragen aus und führt über Lösungsplanungen zu Ergebnissen, Schlussfolgerungen sowie Anwendungen.

c) handelndes Lernen:

Denken und Tun werden zusammengebracht; die Kinder setzen bewusst Handlungsabsichten in Schrittfolgen und zielführende Tätigkeiten um.

d) projektorientiertes Lernen:

Lehrer und Schüler planen und realisieren eine Unterrichtseinheit, bei der in Gruppen und häufig mit fächerübergreifender Perspektive ein gemeinsames Produkt oder eine Aktion entsteht.

Die Schüler lernen insbesondere, wie sie Wissen erwerben, speichern und anwenden können.

Dieses **Lernen des Lernens** unterstützen

a) **fachspezifische Arbeitsweisen und -techniken** wie Betrachten, Beobachten, Halten und Pflegen, Experimentieren, Diskutieren, Rollenspiele, Befragen, Arbeiten mit Quellen, Umgehen mit Skizzen und Plänen

b) **überfachliche Methoden** wie Sammeln, Ordnen, Vergleichen; Beschaffen, Auswerten und Weitergeben von Informationen; Darstellen und Gestalten von Unterrichtsergebnissen, gezieltes Auswerten von audiovisuellen Medien, Sachbüchern, Texten, Tabellen und Grafiken

c) **allgemeine Fähigkeiten** wie selbstständiges und gemeinsames Planen, Durchführen und Abschließen von Vorhaben

Arbeitsweisen werden nicht isoliert, sondern in inhaltlichen Zusammenhängen gelernt. Häufig sind dazu eine Arbeitsrückschau und Reflexion über die eigenen Lernweisen erforderlich. Diese Fähigkeiten und Fertigkeiten sind durchgängige Ziele des Unterrichts.Geeignete Computerprogramme und andere informationstechnische Möglichkeiten sind zunehmend zu nutzen. Lehr- und Lernmittel sollen vor allem selbstgesteuertes Lernen und projektorientiertes Arbeiten ermöglichen und unterstützen, was unsere pb-Publikation „**HSU kompakt 4**" durchaus intentiert.

Zeichnungen, Bilder, Quellen:
(HSU kompakt 4, Band I und II)

deike-presse, ideen-archiv, creativ collection
pb-Bildarchiv, Monika Hirmer, Martina Grünauer, Sabrina Grünauer, Karl H. Grünauer
KARSTADT Aktuell, TV KARSTADT

Umweltfreundliche Produkte, Herausgeber: Aktionsgemeinschaft umweltfreundliche Produkte Berlin o. J.
Nikolaus Eckardt, Zeitfragen zur Verpackung, Ökologie-Bilanz zum Thema Einweg-Mehrweg, Ökontor-Verlag Struxdorf 1989
Umweltpolitik in Bayern, Broschüre des Bayerischen Staatsministeriums für Landesentwicklung und Umweltfragen
Milch und Milchprodukte, Die Frühstücksmappe, Landesvereinigung der Bayerischen Milchwirtschaft,
CMA/GML Bonn 1979

Lay-out, Konzept und Gestaltung:
Karl H. Grünauer

Zum Heimat- und Sachunterricht der 4. Klasse empfehlen wir weitere Publikationen aus dem pb-Verlag:

Karl H. Grünauer,	Unser eigenes Thema, 3./4. Jahrgangsstufe (Ägypten-Ritterzeit-Cowboys und Indianer), Puchheim 2001
Karl H. Grünauer,	Rund um`s Jahr, Bd. I, Feste und Gedenktage im Frühling und Sommer, Puchheim 1998 Bd. II, Feste und Gedenktage im Herbst und Winter, Puchheim 1998
Karl H. Grünauer,	Kopierhefte mit Pfiff
4. Jahrgangsstufe	Bd. I: Gemeinschaft-Geschichte-Zeit-Raum, Puchheim 1993
4. Jahrgangsstufe	Bd. II: Kind und Natur, Puchheim 1993
Karl H. Grünauer	Katholische Religion 4, Puchheim 2000
Karl H. Grünauer	Ehtik 4, Puchheim 2000
Karl H. Grünauer	Ehtik, In sozialer Verantwortung leben und lernen, Puchheim 1997
Karl H. Grünauer	Ehtik, Nach ehtischen Maßstäben entscheiden und handeln, Puchheim 1997
Karl H. Grünauer	Ehtik, Ehtische Grundfragen in der Literatur, Puchheim 2000

Inhaltsverzeichnis

THEMA
Schule, Familie, Gemeinschaft
U-Stunde: Wie machen wir das Klassenklima prima?

LERNZIELE

Die Schüler sollen
- Möglichkeiten finden, das Klassenklima kreativ zu gestalten
- Beispiele nennen für tragende Gemeinschaftserlebnisse
  (z.B. Gestaltung eines ökumenischen Gottesdienstes, Hilfe für ausländische Mitschüler, Gestaltung einer Ausstellung, Schullandheim-Aufenthalt, Wandertag und Theaterspiel)
- erkennen, dass Gemeinschaft **mit**erlebt und **mit**gestaltet werden kann

ARBEITSMITTEL / MEDIEN / LITERATURHINWEISE

Arbeitsblätter, Tafelbild, Wortkarten, 6 Handskizzen mit Beispielen, Textvorgaben mit Schükerkommentaren, Folie, Beitrag für den Jahresbericht

TAFELBILD /FOLIEN

Wie machen wir unser Klassenklima prima?

ökumenischer Gottesdienst

Hilfe für ausländische Mitschüler

Gestaltung einer Ausstellung

Schullandheimbesuch

Durchführung eines Wandertags

Gemeinsames Theaterspiel

Rücksichtnahme - Hilfsbereitschaft - Toleranz - Freundschaft - Mut - Ehrgeiz Durchhaltevermögen - Respekt - Wertschätzung - Geduld - Friedfertigkeit ...

Merke: ***Miteinander geht es besser, miteinander geht es gut.***
Ganz besonders schön wird's dann erst, wenn man es gemeinsam tut!

METHODE U-Stufen, ZA, TZ, Medien	LERNINHALTE (STOFF) Tafelanschrift, Folien ...
I. Problembegegnung	
Problemkonfrontation	
Folie 1: herkömmlicher Stundenplan	Stundenplan mit normalen Fächern D, HSU, MA, Sport, MU usw.
Provokation durch L	Gestern sah ich i. e. anderen Klasse einen sonderbaren Stundenplan
Folie 2: alternativer Stundenplan	Stundenplan mit Begriffen wie organisieren, planen, helfen usw.
U-Gespräch	Besteht Schule nur aus Fächern?
Problemweckung / Problemfindung	
Erarbeiten von wichtigen Begriffen	Schulleben, Schulklima, Lebensbereich Schule
Zielformulierung/ Zielangabe	***Wie machen wir das Schulklima prima?***
II. Problemerarbeitung	
Hypothesenbildung im U-Gespräch	Formulierung von Hypothesen wie: Leseecke gestalten, Altennachmittag organisieren usw.
Erarbeitung der „Prima-Klima"-Beispiele in GA Fixierung der Beispiele an Tafel/AB	AB: S lesen die kurzen Statements der Schüler (Thomas-Susanne) *Gestaltung des ökumenischen Gottesdienstes ... bis Theaterspiel*
Provokation durch AB (Negativ-Beispiele)	Wie verbessern wir das Klassenklima?
Kreisgespräch	Warum ist das Klassenklima in der 4b prima? Was steckt dahinter? - Nicht nur Aktionen schaffen Gemeinschaftserlebnisse!
Erarbeitung von gemeinschafts-stiftenden Verhaltensweisen	*Rücksichtnahme, Hilfsbereitschaft, Toleranz, Freundschaft, Mut, Ehrgeiz, Durchhaltevermögen, Respekt, Wertschätzung, Gedankenaustausch, Geduld, Friedfertigkeit usw.*
Formulieren von Regeln	z.B. 10 Goldene Regeln schaffen ein prima Klassenklima *Vorschlag: 1. Wir nehmen aufeinander Rücksicht!* *2. Wir helfen einander! usw.*
Formulierung eines Merksatzes	Miteinander geht es besser. Miteinander geht es gut. Ganz besonders schön wird's dann erst, wenn man es gemeinsam tut!
Gesamtzusammenfassung Gesamtwiederholung	S liest Tafeltext vor und erklärt Teilziele Vergleich der erarbeiteten Teilziele mit Hypothesen
III. Problemausweitung	
Einordnung U-Gespräch	Was haben wir bisher für ein prima Klassenklima getan? Was ist geplant? Was ist verbesserungsbedürftig?
Ausblick	Wie können wir beim Konfliktlotsendienst mitmachen?
alternativ:	Wie können wir den Gemeinschaftsgeist stärken?
alternativ:	Wir richten eine Gemeinschaftsolympiade für die Schule aus!
Besinnung U-Gespräch	Schule ist mehr als Stoffvermittlung und Stofflernen!
alternativ:	Soziales Verhalten ist ebenso wichtig wie Unterricht und Lernen!
Hausaufgabe Gruppen treffen sich zu Hause und gestalten Themen-Plakate	*Was für unsere Klasse gilt, gilt auch für ...* *a) ...unsere Schule b) ...unsere Gemeinde c) ... unseren Staat*

HSU	Name:	Klasse:	Datum:	Nr.

Wie machen wir unser Klassenklima prima?

Gestaltet das Arbeitsblatt mit Bildern und entsprechenden Texten!
Tragt unten einen passenden Merksatz ein!
Findet 10 Goldene Klassenregeln!

Klebt hier die" prima Klassen-Klima"-Beispiele ein!

Klebt hier die" prima Klassen-Klima"-Beispiele ein!

Merke:

HSU	Name:	Klasse:	Datum:	Nr.

Lösung: Wie machen wir unser Klassenklima prima?

Bitte die sechs Kärtchen ausschneiden und auf die Schüler-AB kleben!

Toleranz - Respekt

Wertschätzung

Wir feiern einen ökumenischen Gottesdienst.

Hilfsbereitschaft

Rücksichtnahme

Wir kümmern uns um ausländische Mitschüler.

Gedankenaustausch

Wir gestalten eine Ausstellung.

Friedfertigkeit

Freundschaft

Wir fahren ins Schullandheim.

Geduld

Wir machen einen Wandertag.

Durchhalte-vermögen

Wir spielen Theater und laden dazu alle ein.

Merke:

Miteinander geht es besser,
miteinander geht es gut.
Ganz besonders schön wird's dann erst,
wenn man es gemeinsam tut!

HSU	Name:	Klasse:	Datum:	Nr.

So machen wir das Schulklima prima!

Im Jahresbericht der Grundschule Grünau berichten die Schülerinnen und Schüler der Klasse 4b über ihre zahlreichen Aktivitäten im abgelaufenen Jahr.

Lies selbst nach, was sie alles auf die Beine gestellt haben und fasse in Partnerarbeit die Aktionen mit einem Wort zusammen!

Thomas (9 Jahre):

Gleich am ersten Schultag kam Herr Kaplan Mayer zu uns. Er wollte, dass wir ihm beim ökumenischen Anfangsgottesdienst helfen sollten. Natürlich wollten alle mitmachen. Katrin las eine Geschichte vor, Sebastian sang ein Lied und ich durfte ein großes Plakat malen.
Darauf kam eine geöffnete Tür. Sie sollte den Schulanfang bedeuten und Herr Kaplan Mayer und Herr Pfarrer Wegner von der evangelsichen Kirche sprachen dazu ein paar Worte. Alle meine Klassenkameraden waren im Chor oder bei den Musikern. Auch unsere türkischen Mitschüler, die zum islamischen Glauben gehören, hatten ein Anfangsgeschenk für ihre kleinen Landsleute vorbereitet. Der Anfangsgottesdienst gefiel uns auch deshalb so gut, weil alle unsere Eltern mitkamen.

Sabine (10 Jahre):

Martina kam letztes Jahr zu uns. Sie kommt aus Rumänien. Ihre Eltern können nach Temesvar nicht zurück. Wir dachten, dass viele Freunde von Martina in Rumänien im Winter Hunger haben. Deshalb sammelten wir Lebensmittel, Kleidung und Süßigkeiten. Unsere Lehrerin, Frau Zöllinger, ließ einen LKW vom Roten Kreuz kommen, der kurz vor Weihnachten alle unsere Spenden zu den Kindern nach Rumänien brachte. Ob Martina in unserer Klasse bleiben darf, wissen wir nicht.

Philipp (10 Jahre):

Unsere Lesewoche hatte heuer das Thema: Oh du liebe Zeit! Wir schrieben an alle Klassen einen Brief, ob sie uns helfen wollen. Wir sammelten Zeichnungen. Unsere Mitschüler mussten ein Bild von früher malen, zum Beispiel Dinosaurier, Höhlenmenschen, alte Römer und Germanen, Burgen und Ritter, Erfinder und Weltraumfahrer.
Als wir fast 100 Zeichnungen hatten, stellten wir sie in der Aula aus. Das wurde aber ein langer Zahlenstrahl! Zum Schluss konnte man sich „die Zeit“ gut vorstellen. Immerhin reichte die Zeitleiste bis in die Urzeit zurück!

Theresa (10 Jahre):

Frau Zöllinger fuhr im Oktober mit uns ins Schullandheim Bairawies. Das war eine tolle Woche. Das Wetter passte und auch das Programm. Wir unternahmen eine ganze Menge: bergwandern, wandern, spielen, schwimmen, Tennis, Fußball, Hüttenabend. Gut, dass wir schon zwei Wochen vorher vieles vorbereitet hatten!

Herbert (9 Jahre):

Sebastian und Heidi, unsere beiden Klassensprecher, hatten beim Wandertag diesmal eine tolle Idee. Von der Schule weg bis zum Rieder Wald hatten sie eine Schnitzeljagd vorbereitet. Es war lustig und spannend zugleich. Für unsere Sieger gab es als Belohnung eine Flasche Apfelsaft. Dann machten wir ein gemeinsames Picknick auf einer Waldlichtung. Allen hat es eine Menge Spaß gemacht!

Susanne (9 Jahre):

So viel Applaus wie diesmal haben wir noch nie bekommen. Unser Stück hieß: Schildbürger-Streiche mal zehn! Ich durfte sogar den Anführer spielen. So ein Theater! Das Geld, das wir für unsre Aufführungen von den Eltern bekamen, haben wir einem Waisenhaus gespendet.

HSU	Name:	Klasse:	Datum:	Nr.

Wie verbessern wir das Klassenklima?

In der Grundschule Grünau haben die Kinder aufgeschrieben, was ihnen am Schulleben besonders gefällt. Dabei haben sich einige falsche Sätze eingeschlichen. Wenn du die richtigen Sätze findest, geben die Buchstaben von oben nach unten gelesen, das Lösungswort!

A Nachmittags macht jeder Schüler was er will.
F Manchmal helfen wir uns gegenseitig bei den Hausaufgaben.
G Ausländische Mitschüler haben auf unserer Schul-Party nichts zu suchen.
R Wir spielen Theater im Altenheim.
T Der Klassensprecher bestimmt, wohin wir am Wandertag gehen.
E Einmal im Jahr gestalten wir für unsere Eltern eine Zeichen-Ausstellung.
O Unser Schulleiter verbietet uns, dass wir Bilder im Treppenhaus aufhängen.
M Rücksicht ist in unserer Klasse ein Fremdwort.
U Unser katholischer Kaplan macht auch für evangelische Kinder einen Gottesdienst.
N Unsere Lehrerin macht mit unseren Eltern einmal im Jahr einen Rad-Ausflug.
P Wenn ein neuer Schüler in die Klasse kommt, will sich keiner zu ihm setzen.
D Ist einmal ein Mitschüler im Krankenhaus, so besuchen wir ihn gerne.
E Letzte Woche halfen wir beim Bund Naturschutz mit, den Stadtwald zu säubern.

Wie heißt der gesuchte Spruch?
besonders - besser - dann - erst - es - es - es - Ganz - geht - geht - gemeinsam - gut - man
Miteinander - miteinander - schön - tut - wenn - wird's

Wie heißen unsere 10 Goldenen Regeln für ein prima Klassenklima!

1. ____________________
2. ____________________
3. ____________________
4. ____________________
5. ____________________
6. ____________________
7. ____________________
8. ____________________
9. ____________________
10.

Merkspruch:

Folie 1

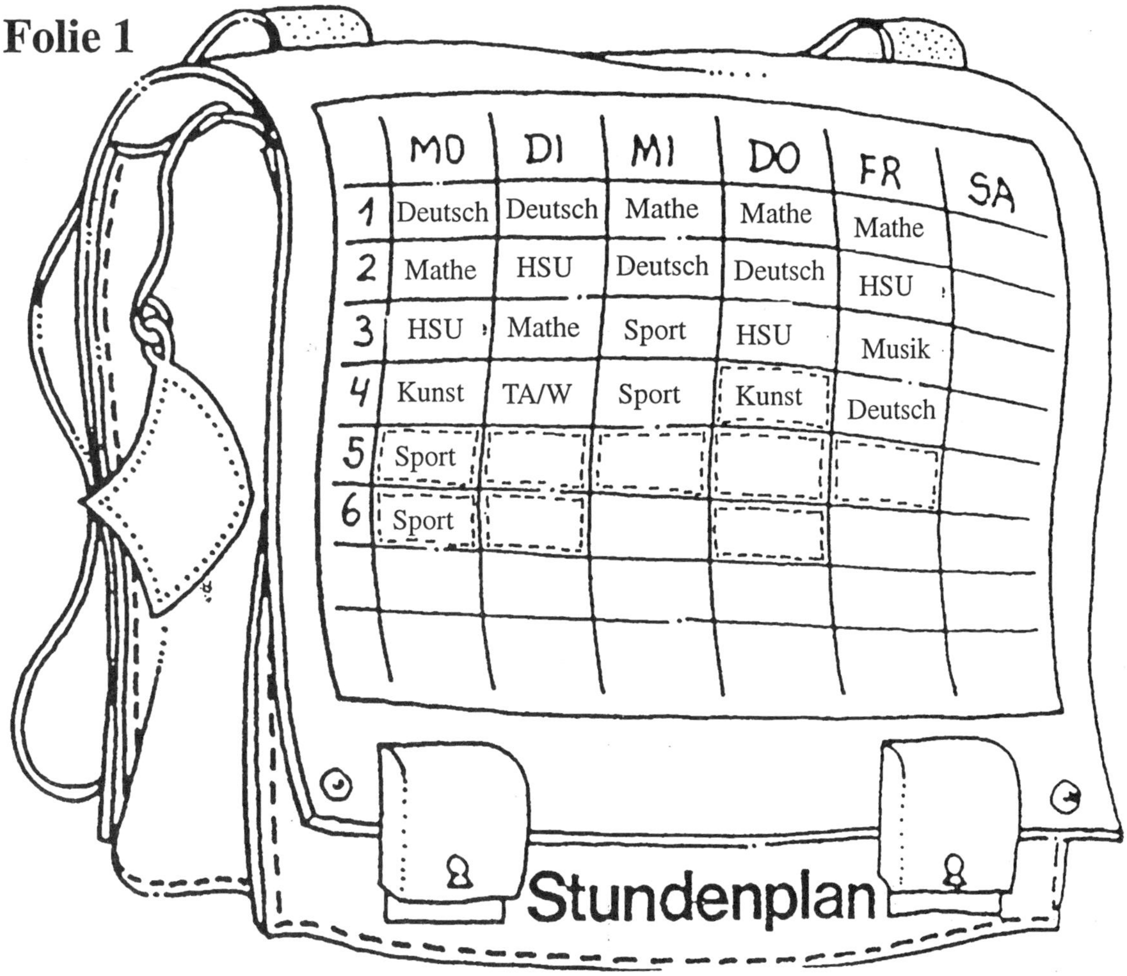

Folie 2

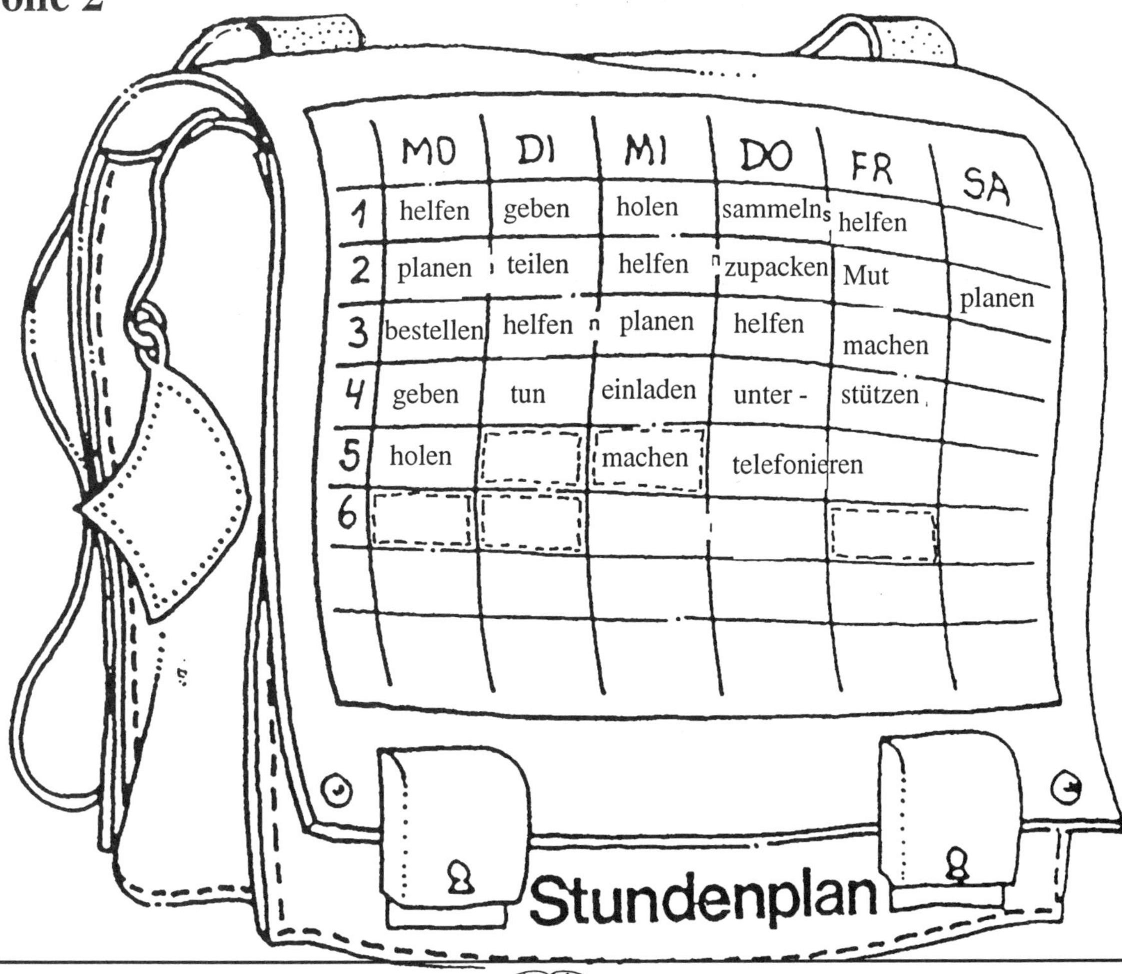

Strukturmodell
(für Sachunterricht allgemein)

I. HINFÜHRUNG
1. Motivierende Einleitung
a) Erste situative oder mediale Begegnung mit der Problemfrage
b) Anknüpfung an bereits besprochene Sachverhalte
c) Lernanreize aller Art
d) Hinweis auf vorbereitete Arbeiten
2. Gezielte Hinführung zur Zielfrage der Unterrichtsstunde
3. Stellung einer präzisen Zielfrage
4. Hypothesenbildung zur Lösung
Innerhalb der 1. Stufe des Einstiegs, der Anknüpfung, der Problemstellung oder Hinführung kann z. B. der Zufall Ausgangspunkt der U-Stunde sein: ein Knochenfund bei einem Unterrichtsgang, ein aufgeschlagenes Vogelei, eine besondere Blumenblüte, plötzlicher Schneefall, die Wahl eines neuen Bürgermeisters, eine aktuelle Tagesnachricht, ein Brand vor Ort, ein Unfall. Der Lehrer zeigt Objekte, gibt Anreize zum Vergleichen, lässt Fragen stellen, die zum näheren Untersuchen drängen. Ein U-Gang wirft Fragen auf, denen nachzugehen lohnt.

II. ERARBEITUNG
1. Situative oder mediale Begegnung mit dem Sachverhalt
a) strukturiert nach Inhalt in Teilzielen
b) veranschaulicht durch Texte und Bilder
c) in Einzel-, Partner- oder Gruppenarbeit
d) im Klassengespräch/durch problemlösende Unterrichtsverfahren
2. Problemdurchdringung - Problemuntersuchung - Problemlösung mit Lösungsstrategien
3. Ergebnisfindung
4. Zusammenfassung und Wiederholung der Teilziele bezüglich Ausgangsfrage
5. Rückblick auf Lösungsstrategie
In der 2. Phase sollte stets der Unterrichtsgegenstand in der Mitte der Erarbeitung stehen: ein historisches Dokument, ein Tier oder eine Pflanze lebend oder als lebensnahes Modell. Neben Film, Bild und Textquelle, Modell, Relief und Versuch ist die unmittelbare Begegnung mit der Wirklichkeit anzustreben. Forschend-entdeckendes, problemorientiertes, handelndes und projektorientiertes Lernen sollte im Schülerbericht durch dort geschildertes Erlebtes, Beobachtetes, Gehörtes usw. zum Ausdruck kommen. Fachspezifische Arbeitsweisen und überfachliche Methoden sind einzuüben und auf die einzelnen Lernbereiche abzustimmen.

III. AUSWEITUNG
1. Vertiefung des Lerninhalts auf weitere Gesichtspunkte
2. Anwendung des Gelernten auf bereits besprochene Sachverhalte
3. Besinnung oder Wertung des Gelernten in einem größeren, allgemeinen Zusammenhang
4. Besinnung oder Wertung des Gelernten rückbezüglich auf sein eigenes Verhalten
5. Transferlernen
6. Lernzielkontrolle oder Erfolgssicherung
Die 3. Stufe der Verarbeitung, Vertiefung und Anwendung schafft Anknüpfungspunkte zu bisher Gelerntem, zeigt, dass unterschiedliche fachliche Zugänge zu einem Ziel führen und Vernetzungen zwischen Inhaltsbereichen gemacht werden können.

Strukturmodelle zu den sozio-kulturellen Lernbereichen

1. Themenbereich: Schule - Familie - Gemeinschaft - Freizeit
(Verlaufsgliederung nach Rainer Maras, in: Unterrichtsgestaltung in der Grundschule, Auer 1995)

I. HINFÜHRUNG mit
- Motivation
Vorlesen eines aktuellen Berichts, der einen Vorgang im sozialen Bereich aufzeigt
(Miteinander-Gegeneinander, Konflikt, Institution)
Vorstellen einer Situation durch Bild, Schulfunk oder szenische Darstellung
Darlegen eines persönlichen Erlebnisses
Sich erinnern an eine gemeinsam registrierte Begebenheit
- Präzisierung der Situation
Festellen der Lernsituation
- Zielangabe
Bekanntgeben des Vorhabens

II. ERARBEITUNG
- Vorläufige Stellungnahme
Formulieren der eigenen Einstellung zur skizzierten Situation
- Informationsgewinnung
Aufgreifen von vorhandenem Wissen (Erfahrungen, Beobachtungen)
Nennen denkbarer Lösungen
Suchen von Möglichkeiten zur Gestaltung des Vorgangs/der Situation
Übergabe weiterführender Informationen
(Bilder, Texte, beispielhafte Vorgänge, Erklärungen, fiktive Gespräche)
Darstellen verschiedener Möglichkeiten
Vergleichen von Verhaltensweisen
Bewusstmachen sozialer Verhaltensweisen
- Urteilsbildung mit Begründung
Präzisieren der Lösungen durch argumentierende Erklärungen
Durchführen eines Entscheidungsspiels
Erörterung des Für und Wider
Erläutern oder Herausstellen von Gefahren
Vergleichen der verschiedenen Lösungsversuche hinsichtlich Durchführbarkeit und Konsequenzen für den Handelnden und die Betroffenen
Herausarbeiten der Grundeinsicht
Darlegen einer selbstständigen, abschließenden Antwort im Gesprächskreis
Fixierung der Ergebnisse

III. ANWENDUNG
- Konkretisierung
Klären ähnlicher Fälle/Situationen
Einüben sozialer Verhaltensweisen
- Vertiefung
Anregen zur Überprüfung des eigenen Verhaltens
Hinweise auf „heute - damals", „hier-dort", „der eine - der andere"

2. Themenbereich: Zeit - Geschichte
(Verlaufsgliederung nach Rainer Maras, in: Unterrichtsgestaltung in der Grundschule, Auer 1995)

I. EINLEITUNG mit
- **Wiederholung**
  Hinweisen auf die Erkenntnis (das Wissen) aus der vorausgegangenen U-Stunde
- **Ausgangssituation**
  Hineinversetzen in die geschichtliche Situation
  (L-Erzählung, sich selbst erinnern)
- **Präzisierung der Situation**
  reale Begegnung mit dem historischen Objekt
  Lesen eines Quellentextes
  Vergleichen von Bildern (Skizzen) aus verschiedenen Jahren
  Vorstellen einer problemhaltigen historischen Situation (Entscheidungssituation)
  Herausfinden der Informationslücke

II. BEGEGNUNG
mit dem (historischen) Sachverhalt
- **Teilzielformulierung**
  Formulieren von Vermutungen zum gestellten Problem
  Gewinnen von Informationen:

O aus originalen Gegenständen (Kleidung, Denkmal, Bauwerk, Werkzeug)
O aus nachgebildeten Gegenständen (Spielfiguren, Plastiken, Modell im Sandkasten)
O aus originalen Texten
(Flur- und Familiennamen, Grabinschriften, Briefe, Gesetze, Verordnungen, Aufrufe, Lieder)
O aus Sekundärquellen
O Schulbuch, Textblatt, Tafel- und Folientext, Tonband
O aus Bildern (Kupferstich, Dia, Geschichtsfries, Fotos)

Arbeiten an den Informationsquellen:

O Sammeln konkreter Gegenstände
O Feststellen von Merkmalen
O Betrachten von Bildern oder Gegenständen
O Ordnen historischer Vorgänge
O Auswerten von Quellentexten
O Einordnen gewonnener Fakten in eine einfache Zeitleiste

III. BESINNUNG
Beurteilen des Vorgangs, der Fakten
Herausstellen der Ursachen
Herstellen der Zusammenhänge
Verbinden mit einer aktuellen Problematik bzw. Situation

IV. SICHERUNG
Wiederholen von Merkpunkten
Erläutern von Schaubildern
Zuordnen von Faktum und Bild
Bilden von Sätzen anhand von Stichworten

3. Themenbereich: Orientierung im Raum
(Verlaufsgliederung nach Rainer Maras, in: Unterrichtsgestaltung in der Grundschule, Auer 1995)

I. HINFÜHRUNG
zum landschaftlichen Sachverhalt mit
- **Ausgangssituation**
Feststellen landschaftlicher (räumlicher, wetterkundlicher) Gegebenheiten
Anknüpfen an das Ergebnis einer Erkundung
Vergleichen zweier Bilder, die ein geografisches Problem aufzeigen
Darlegen von Situationen, die einer Klärung (Änderung, Abhilfe) bedürfen
Lesen einer aktuellen Nachricht
- **Eingrenzung des Sachverhalts**
Isolieren der Thematik und deren Fixierung
Zielangabe

II. ERARBEITUNG
der landschaftlichen Gegebenheit
- **Teilzielformulierung**
Aufzählen der Informationsquelen, die zur Lösung beitragen können
Nennen der Vermutungen zum Raumproblem
Aufsuchen des Ortes in der Karte
Anfertigen von Skizzen
Feststellen der Lage bezüglich des Schulhauses bzw. des Heimatortes
Erkunden des Objekts
Entwickeln einer geografischen Erscheinung (z.B. Straßenverbindung) an einem Aufbau-Modell
Zerlegen eines (dynamischen) geografischen Vorgangs (z.B. Entstehung eines Straßendorfes) in Teilvorgänge
Vergleichen von symbolischen Darstellungen (Grundrisse, Kartenzeichen) mit der Wirklichkeit
Zurückgreifen auf bereits vorhandene Orientierungsmöglichkeiten (Schule, Wohnhaus, Gewässer, Erhebung, Bauwerk, Verkehrsweg) als Ausgangspunkt für die sich erweiternde Raumorientierung
Anlegen einer wachsenden Karte des Heimatortes
Einüben der Himmelsrichtungen
Veranschaulichen desselben Sachverhalts mit verschiedenen Medien auf unterschiedlichen Abstraktionsstufen (Modell, Sandkasten, Bilder, Bildkarten, Karte)
Verbalisieren von Lagebeziehungen
Umsetzen symbolischer Darstellungen in Sprache
Wiedererkennen der bei einem Unterrichtsgang registrierten landschaftlichen Erscheinungen auf einem Luftbild

III. KATEGORIALE ERSCHLIEßUNG
Wiederfinden erarbeiteter Begriffe in ähnlichen Erscheinungen
Herstellen von Verbindungen mit den Daseinsfunktionen des Menschen (Wohnen, Arbeiten, Erholen ...)
Vervollständigen einer Kartenskizze

4. Themenbereich: Wirtschaft - Dienstleistungen
(Verlaufsgliederung nach Rainer Maras, in: Unterrichtsgestaltung in der Grundschule, Auer 1995)

I. VORBEREITUNGSPHASE
mit
- Anknüpfung
Vorstellen einer konkreten Handlungssituation
(z.B. Peter begleitet seine Mutter beim Einkaufen
Was ich selbst an einem Tag alles zu „Müll“ mache)
Begegnung mit den Produkten (Dienstleistungen) aus ausgewählten Beispielen
(z.B. Schaufenster: Bäckerei)
Berichten über eigene Erfahrungen
Abrufen von Beobachtungen beim Unterrichtsgang (unsystematisch)
- Themenstellung
Eingrenzen der Thematik durch einen gezielten Impuls
Erkennen einer Informationslücke
Festlegen eines zu lösenden Problems

II. INFORMATIONSPHASE
- Bereitstellung des Materials
Anstellen von Überlegungen, welche Hilfsmittel Auskünfte über den ausgewählten Teilbereich bzw. zu der gestellten Frage geben können
Hinweisen auf die mitgebrachten (vorliegenden) Informationsquellen
Formulieren von Arbeitsaufträgen und Leitfragen -
im Sinne der Erziehung zur Selbstständigkeit auch durch die Schüler selbst
Festlegen der sozialen Arbeitsform und der Form der Darstellung des Ergebnisses

- Informationsgewinnung
Auswerten von Texten, Fotos, Bildkarten, Schaubildern, Skizzen, Plänen und/oder selbst erstellten Aufzeichnungen (aus U-Gang) gemäß den festgelegten Aufträgen
selbsttätiges Untersuchen z. B. des Herstellungsvorgangs

- Auswertung
(Dieser Teil der Artikulation kann mit der folgenden Phase „Erkenntnisbildung“ zusammenfallen, sofern die Arbeitsaufträge bereits auf eine weitgehende Erkenntnis abzielen)
Mitteilen der Ergebnisse: mündlich, über Folie, in Sätzen, in Stichworten, als Skizzen

III. ERKENNTNISPHASE
Endgültige Klärung von Begriffen
Herausstellen der Leistung des Menschen
Erkennen der Gemeinschaftsleistung

IV. VERWERTUNGSPHASE
Hinweisen auf die Verwendbarkeit des Gelernten
Aufstellen von Verhaltensregeln
Visualisieren der Ergebnisse

Strukturmodell zum naturwissenschaftlichen Lernbereich: Biologie

Vorausgehende Arbeitsanweisungen:
Beobachtungsaufträge, Erkundigungen, Sammeln von Pflanzen, Tieren ..., Medienbeschaffung
Unterrichtsgang

I. PROBLEMBEGEGNUNG

- Überleitung, Hinführung, Konfrontation
Hinweis auf Unterrichtsgang, Film u. ä.
Bild, Text, Film, Modell, Experiment, Tier, Pflanze (auch als Präparat)

- Problemweckung mit Motivation
Lehrervortrag, Schülervortrag, Film, Filmausschnitt
Tonband, Fotomaterial
Brain-storming, Tafelanschrift des Lehrers (Ideennotiz), Schülerberichte

- *Formulierung/Fixierung des Problems (Zielangabe)*
Einengung, fachentsprechende Formulierung, Lernzielaufstellung an der Tafel
Ideensammlung und -ordnung (Matrix), Problemfrage

II. PROBLEMLÖSUNG

- Aktivierung des Vorwissens mit Hypothesenbildung
Meinungsbildung
Begriffserklärungen
Freies Unterrichtsgespräch
Medieneinsatz

- Versuchsvorbereitung
Lösungsplanung
Experiment, Verhaltensbeobachtung, Untersuchung
Arbeitsgruppenbildung

- Versuchsdurchführung und Versuchsauswertung
Sammeln, untersuchen, ordnen, experimentieren
vergleichen, unterscheiden, protokollieren
Ergebnisse formulieren und sichern durch Tafel- und Hefteintrag mit Merksatz und -text
bewertende Diskussion

III. PROBLEMANWENDUNG

Einordnen in Gesamtzusammenhang
Vergleich mit bereits Bekanntem
Rückbezug auf Problemfrage
Transfer und Vergleich
Problemlösende Denkfragen
Niederschrift
Verhaltens- und Einstellungsänderung (vom Wissen und Können zum Ausüben)
z.B. Umweltschutzprojekt
freiwilliges Engagement in der Freizeit

Strukturmodell zum naturwissenschaftlichen Lernbereich: Physik/Chemie

Vorausgehende Arbeitsanweisungen:
Beobachtungsaufträge, Erkundigungen, Medienbeschaffung, Unterrichtsgang

I. PROBLEMBEGEGNUNG

- Konfrontation und Sachbegegnung
Anknüpfen an vorausgegangenen Lernstoff
Anknüpfen an Erlebnissituationen
Aufdecken eines Widerspruchs
Ergebnisse von Langzeitbeobachtungen

- Problemweckung und Wege zur Problemfindung
Lehrerexperiment, Schülerexperiment
Film, Modell, Foto, Buch
Brainstorming
Frage-Raster mit W-Fragen

- Problem- und Zielformulierung
Fixierung der Zielangabe
Einengung, Ordnung der Fragen durch Verbalisieren

II. PROBLEMERARBEITUNG

- Theoriebildung mit ersten Lösungsversuchen
Hypothesen- und Meinungsbildung
Begriffserklärungen und Aktivierung des Vorwissens
Informationen sammeln und bewerten
Theorien aufstellen und bewerten

- Experimentierphase
Planung - Durchführung - Ergebnissicherung der Versuche
in Gruppenarbeit, Verlaufsprotokolle erstellen und Ergebnisse festhalten
Falsifikation, Verifikation

- Problembewertung mit Reflexion und Fixierung
Ergebnisse bewerten, vergleichen, kontrollieren, fixieren
Hypothesen-Vergleich
Hefteintrag- Tafelanschrift mit Merktexten

III. PROBLEMANWENDUNG

- Einordnung
Vergleich mit bereits Bekanntem
Vorschau auf Zukünftiges
Aktueller Bezug

- Sicherung mit Einübung
Kontrollversuch
Gesamtzusammenfassung mit Niederschrift
Generalisieren
Anwendung im Alltag
horizontaler Transfer auf andere Fächer und Sachverhalte

Ich und meine Erfahrungen
(Die Entwicklung des Menschen)

Im Rahmen des Grobziels „Ich und meine Erfahrungen“ setzen sich die Schüler mit den körperlichen und seelischen Veränderungen der beginnenden Pubertät auseinander. Indem sie sich mit ihren Geschlechterrollen, neuen Gefühlen und Einstellungen befassen, entwickeln sie Selbstvertrauen und zunehmende Sicherheit im Umgang mit anderen.

Lernziel 1:
Körperliche Veränderungen in der Pubertät und erweiterte Regeln der Körperhygiene kennen
Lehrplanvorgaben:
O auf den Beginn der Reifezeit vorbereiten: vom Mädchen zur Frau - vom Buben zum Mann
O Bedeutung regelmäßiger Körperpflege: verstärkte Schweiß- und Talgproduktion, Geruchsbildung, Monatshygiene, Waschregeln bei körperlicher Anstrengung
Unterrichtliche Umsetzung mit folgenden Arbeitsmaterialien (AB, Folien, Texte usw.):
1. Wie finde ich meine Rolle als ... ?
2. Wir sind dieselben und bleiben doch nicht gleich! - Entwickeln sich Dinge und Menschen?
3. Wir entwickeln uns
4. Wie verändert sich unser Körper?

Lernziel 2: Kenntnisse über Entstehung und Entwicklung des menschlichen Lebens gewinnen
Lehrplanvorgaben:
O Fragen zu Zeugung, Schwangerschaft, Geburt altersangemessen sachlich richtig beantworten (Begriffe: Eierstock, Eileiter, Eizelle, Hoden, Samenleiter, Spermien)
O Befragung einer Mutter zu ihren Empfindungen/Wünschen/Veränderungen in der Familie/Aufgaben
Unterrichtliche Umsetzung mit folgenden Arbeitsmaterialien (AB, Folien, Texte usw.):
1. Wie entsteht menschliches Leben?
2. Ole bekommt eine Schwester

Lernziel 3: Geschlechtsspezifische Rollenerwartungen hinterfragen
Lehrplanvorgaben:
O Mädchen und Buben aus ihrem Kulturkreis berichten lassen/Großeltern zu ihren Erfahrungen befragen
O in Rollenspielen oder Dilemmageschichten Erwartungen ausdrücken und bewerten (z. B. Ich-Buch)
Unterrichtliche Umsetzung mit folgenden Arbeitsmaterialien (AB, Folien, Texte usw.):
1. Mein Vater arbeitet auf seine Art
2. Die Rolle der Frau hat sich stark verändert
3. Sind Mädchen Jungen unterlegen?
4. Liebe ist ...

Lernziel 4: Gefühle in Worten, Gestik und Mimik mitteilen
Lehrplanvorgaben:
O Gefühlsschwankungen und Unsicherheiten wahrnehmen
O Eltern-Kind-Konflikte aufgreifen und Erklärungen finden
O sich in Rollenspielen mit den unterschiedlichen Erwartungen und Gefühlen auseinander setzen
O soziale Verhaltensweisen einüben, z. B. den richtigen Ton finden
Unterrichtliche Umsetzung mit folgenden Arbeitsmaterialien (AB, Folien, Texte usw.):
1. Eltern-Kind-Konflikte
2. Andi fühlt sich bescheuert
3. Den richtigen Ton finden
4. Wie gehen wir rücksichtsvoll miteinander um?

Lernziel 5: Sich selbst behaupten und Nein sagen können
Lehrplanvorgaben:
O die eigene Meinung zum Ausdruck bringen und Selbstbestimmung in Interaktionsformen erproben
O Suchtmittel wie Tabak, Alkohol o. Ä. ablehnen
O über körperliche Nähe und Zeichen von Zuneigung selbst bestimmen
Unterrichtliche Umsetzung mit folgenden Arbeitsmaterialien (AB, Folien, Texte usw.):
1. Was mir besonders wichtig ist!
2. Erwartungen ausdrücken
3. Die eigene Meinung zum Ausdruck bringen
4. Sich selbst behaupten und Nein sagen können

HSU	Name:	Klasse:	Datum:	Nr.

Wie finde ich meine Rolle als ?

In der Pubertät stehen junge Leute an der Schwelle zum Erwachsenenalter. Viele Spannungen im zwischenmenschlichen Bereich und eine auffallende Unausgeglichenheit kennzeichnen das Verhalten. Warum ist das so?
Psychologen nennen diese Entwicklung Selbstfindung. Dabei müssen junge Menschen die Rolle, die sie in der Gemeinschaft spielen, neu finden.

Kreuze an!

1. Welche Rollen müssen neu gefunden werden?

O als Schülerin/Schüler O als Sohn/Tochter O als Kleinkind O als Enkelkind
O als Gruppenpartner O als Junge/Mädchen als Arbeitnehmer/in O als Oma/Opa

2. Wer beeinflusst die Vorstellungen junger Menschen in deinem Alter besonders?

O Medien O Rockgruppen O Freunde und Bekannte O Eltern O Lehrer
O Großeltern O Verwandte O Kirche O Politiker O Jugendvertreter

3. Nimm Stellung zu diesen Aussagen!

O Der Einfluss der Eltern wird in der Pubertät geringer, der Einfluss der Gleichaltrigen größer.
O Wenn Jugendliche sich richtig entwickeln sollen, müssen sie sich vom Elternhaus lösen.
O Wo Eltern und Kinder zusammenleben, muss es zu Interessenkonflikten kommen.
O Die Vorstellungen der Eltern und Lehrer über Erziehung und Bildung müssen sich mit den Vorstellungen der jungen Menschen decken.
O Elternhaus, Schule und Beruf behindern eine individuelle Entfaltung junger Menschen.

4. Besonders im Geschlechtsleben kann es zu Reibereien und Schwierigkeiten kommen. Welchen Aussagen würdest du zustimmen? Welche würdest du ablehnen?

O Spannungen und Unausgeglichenheit bei jungen Leuten haben ihren Grund u. a. a. in der sexuellen Selbstfindung: Wie gehe ich mit der Sexualität um?
O Junge Leute müssen Partnerschafts- und Liebesfähigkeit erst erlernen.
O Junge Menschen fühlen sich zum anderen Geschlecht hingezogen.
O Junge Menschen denken, fühlen und handeln wie Mann oder Frau.
O Junge Menschen steht das Recht auf absolute Freizügigkeit zu.

Arbeitsaufgaben:

1. **Welche Erwartungen haben deine Eltern an dich?**
2. **Welche Erwartungen hast du in Bezug auf deine Eltern?**
3. **Wo gibt es Übereinstimmung, wo Unterschiede?**
4. **Welche Erwartungen haben Lehrer gegenüber Schülern?**
5. **Welche Erwartungen habt ihr gegenüber den Lehrern?**
6. **Wo gibt es Übereinstimmung, wo Unterschiede?**
7. **Wie könnt ihr Unterschiede, Konflikte und Meinungsverschiedenheiten abbauen?**

HSU	Name:	Klasse:	Datum:	Nr.

Wir sind dieselben und bleiben doch nicht gleich!

Bei der Geburt sind die meisten Kinder etwa 50 cm groß.

Arbeitsaufgabe:

Frage deine Mutter, wie groß du warst
a) bei deiner Geburt?
b) mit zwei Jahren?
c) bei Schulbeginn?
d) heute?
Versuche Fotos von dir als Baby, Kleinkind oder Schulanfänger und von heute zu bekommen. Klebe sie unten ein!

So sah ich mit ________ Jahren aus. *Damals war ich _____ cm groß.*	*So sehe ich heute (__________) aus.* *Heute bin ich _________ cm groß.*

Jedes Lebensalter ist anders.

Arbeitsaufgabe:

Malt die passenden Wortkarten in der gleichen Farbe aus!

Sie müssen arbeiten, Geld verdienen und Kinder erziehen. Sie dürfen lange aufbleiben, Auto und in den Urlaub fahren, wählen und sich um vieles kümmern.	**KINDER**
Sie müssen nicht mehr zur Arbeit, können ausschlafen und den Haushalt machen. Sie brauchen viel Ruhe, Rücksicht und Verständnis.	**ERWACHSENE**
Sie werden noch von der Eltern versorgt, dürfen spielen und gehen in den Kindergarten oder in die Schule.	**SENIOREN**

HSU	Name:	Klasse:	Datum:	Nr.

Wie entwickeln sich Dinge und Menschen?

Vieles in der Welt wandelt sich: Pflanzen, Tiere, Städte, Landschaften und - Menschen. Menschen ändern nicht nur ihre Gestalt und ihr Aussehen, sie ändern auch ihre Gedanken und Gefühle, ihre Vorstellungen und Absichten, ihre Ideen und Ziele.

Arbeitsaufgabe:
Setzt die Bilderreihe mit einem dritten Bild fort und erklärt...
a) Wie wandelt sich ein Haus innerhalb von 50 Jahren?
b) Welche Entwicklung nimmt ein Baum? Wie alt wird er?
c) Was wisst ihr über die Entwicklung eines Huhns?
d) Welche Veränderungen kannst du am Menschen vom Baby- bis zum Greisenalter beobachten?

Vergangenheit	Gegenwart	Zukunft

HSU	Name:	Klasse:	Datum:	Nr.

Wir entwickeln uns

Meine bisherigen Lebensjahre lassen sich so beschreiben:

Jahreszahl									
Ereignisse									

Jeder Mensch entwickelt sich im Laufe seines Lebens.
Dabei durchläuft er Lebensabschnitte wie Schulzeit, Babyalter, Jugend, Ehe- und Partnerzeit, Ruhestand, Kleinkindalter, Kindergartenzeit und Familienzeit.
Arbeitsaufgabe:
Trage diese Begriffe passend zu den Bildern in der richtigen Reihenfolge ein!

Die Lebensjahre lassen sich auf einer Zeitleiste darstellen.
Arbeitsaufgabe:
Trage die Lebensjahre von dir (rot), von deinen Eltern (blau) und von deinen Großeltern (grün) ein! Was stellst du fest?

0 10 20 30 40 50 60 70 80 90

HSU	Name:	Klasse:	Datum:	Nr.

Lösung: Wir entwickeln uns

Meine bisherigen Lebensjahre lassen sich so beschreiben:

Jahreszahl	1994	1995	1996	1997	1998	1999	2000	2001	2002	2003
Ereignisse	Geburt			Kinder	garten	Schulb	eginn		4.	Klasse

Jeder Mensch entwickelt sich im Laufe seines Lebens.
Dabei durchläuft er Lebensabschnitte wie Schulzeit, Babyalter, Jugend, Ehe- und Partnerzeit, Ruhestand, Kleinkindalter, Kindergartenzeit und Familienzeit.

Arbeitsaufgabe:

Trage diese Begriffe passend zu den Bildern in der richtigen Reihenfolge ein!

Babyalter

Kleinkindalter

Kindergartenalter

Schulzeit

Jugend

Partner-und Ehezeit

Familienzeit

Ruhestand

Die Lebensjahre lassen sich auf einer Zeitleiste darstellen.

Arbeitsaufgabe:

Trage die Lebensjahre von dir (rot), von deinen Eltern (blau) und von deinen Großeltern (grün) ein! Was stellst du fest?

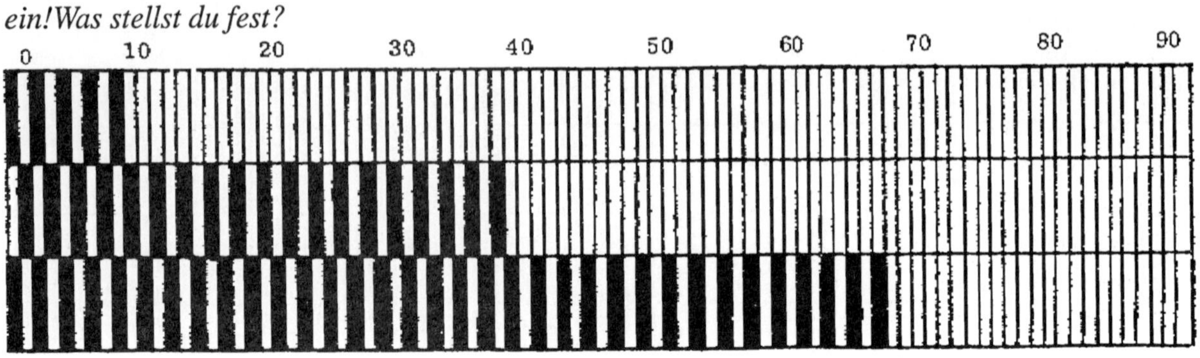

HSU	Name:	Klasse:	Datum:	Nr.

Wie verändert sich unser Körper?

Bei vielen Buben und Mädchen verändert sich zwischen 10 und 14 Jahren ihr Körper. Man nennt diese Zeit auch Reifezeit oder Pubertät.

Arbeitsaufgabe:

Tragt in die Wortkarten folgende Begriffe richtig ein:

Brustwachstum - Monatsblutung - Samenerguss - Stimmungsschwankungen -Unausgeglichenheit - Unsicherheit - Schamhaarbildung - Stimmbruch.

Vom Mädchen zur Frau	Vom Jungen zum Mann

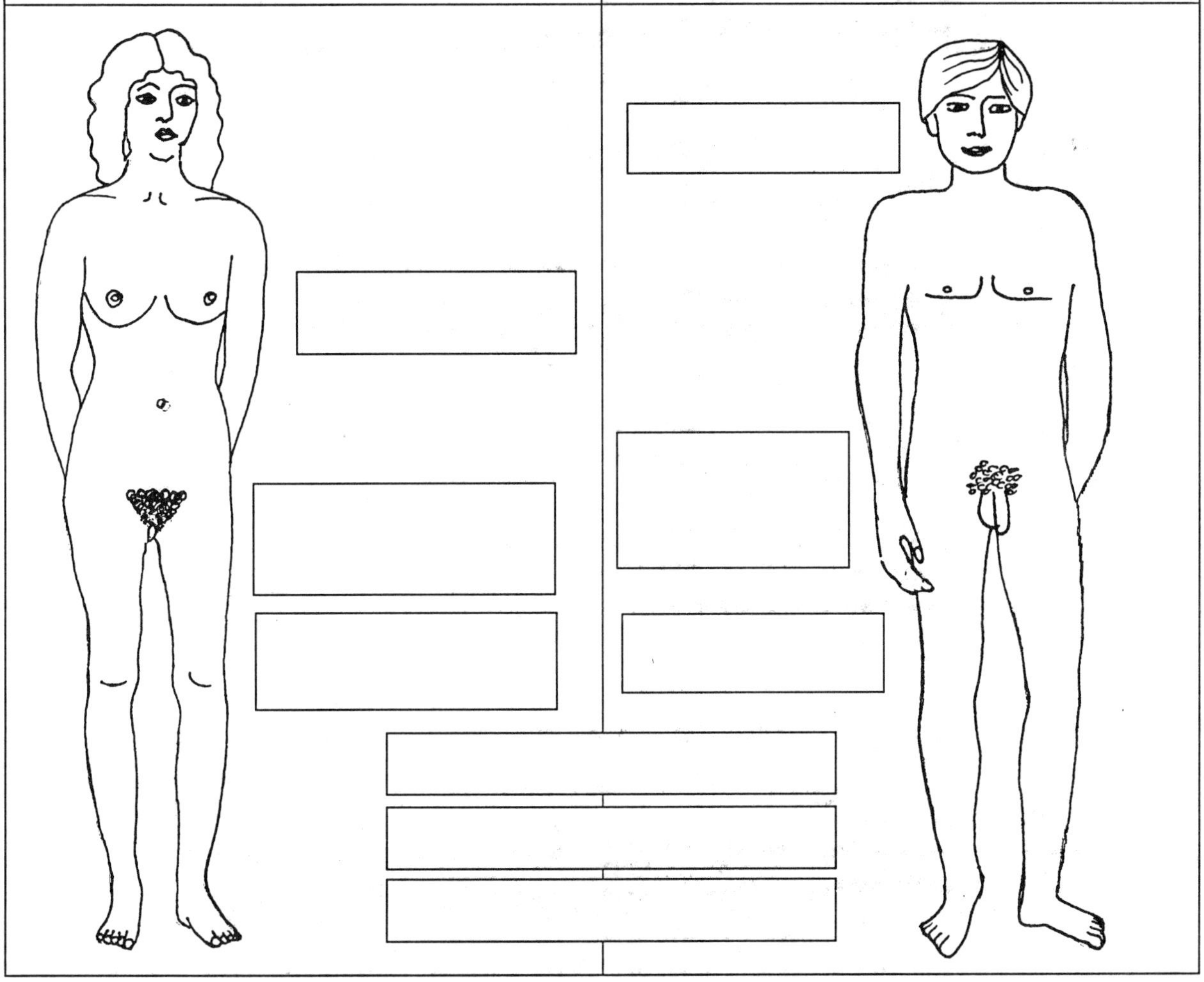

Durch die Veränderungen im Körper ist es besonders wichtig, den Körper regelmäßig zu pflegen.

Arbeitsaufgabe:

1. Nennt Regeln für eine gesunde Körperhygiene!

2. Welche Aussage passt nicht? Kreuzt sie an!

O In der Pubertät produziert der Körper viel Schweiß und Talg, was besonders nach dem Sport ohne Waschen schlecht riecht.

O Mädchen verwenden als Monatshygiene Tampoos oder Monatsbinden.

O Buben müssen in der Pubertät ihre Geschlechtsteile regelmäßig waschen, um der Geruchsbildung vorzubeugen.

O Mädchen reagieren während ihrer Periode manchmal gereizt und übersensibel.

O Alle Buben fühlen sich in der Pubertät schwach, minderwertig, ausgestoßen und unterschätzt.

HSU	Name:	Klasse:	Datum:	Nr.

Lösung: Wie verändert sich unser Körper?

Bei vielen Buben und Mädchen verändert sich zwischen 10 und 14 Jahren ihr Körper. Man nennt diese Zeit auch Reifezeit oder Pubertät.

Arbeitsaufgabe:

Tragt in die Wortkarten folgende Begriffe richtig ein:
Brustwachstum - Monatsblutung - Samenerguss - Stimmungsschwankungen -Unausgeglichenheit - Unsicherheit - Schamhaarbildung - Stimmbruch.

Vom Mädchen zur Frau	Vom Jungen zum Mann
Brustwachstum *Schamhaarbildung* *Monatsblutung*	*Stimmbruch* *Schamhaarbildung* *Samenerguss*

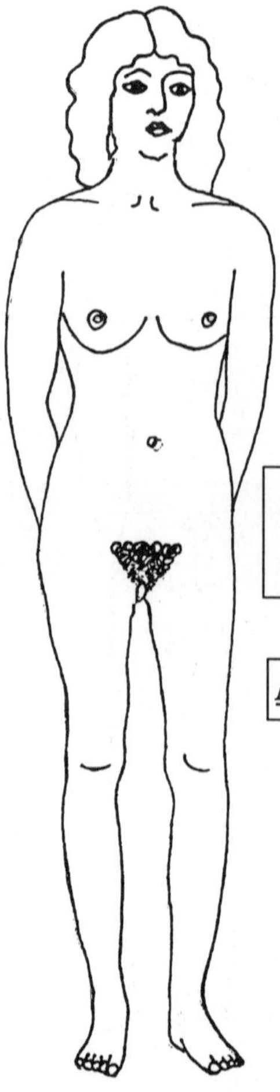

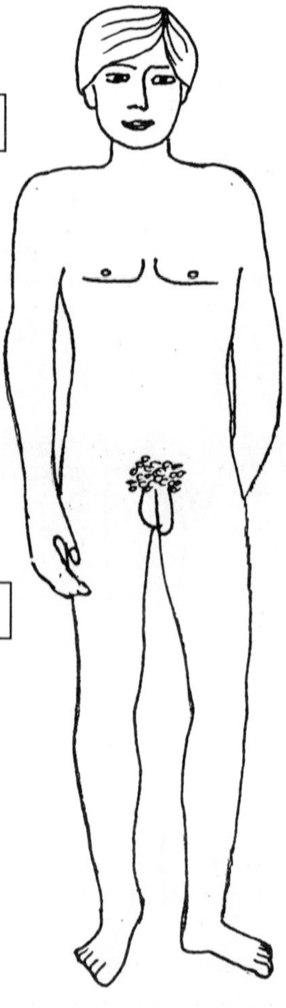

Unsicherheit

Stimmungsschwankungen

Unausgeglichenheit

Durch die Veränderungen im Körper ist es besonders wichtig, den Körper regelmäßig zu pflegen.

Arbeitsaufgabe:

1. Nennt Regeln für eine gesunde Körperhygiene!

2. Welche Aussage passt nicht? Kreuzt sie an!

X In der Pubertät produziert der Körper viel Schweiß und Talg, was besonders nach dem Sport ohne Waschen schlecht riecht.

X Mädchen verwenden als Monatshygiene Tampoos oder Monatsbinden.

X Buben müssen in der Pubertät ihre Geschlechtsteile regelmäßig waschen, um der Geruchsbildung vorzubeugen.

X Mädchen reagieren während ihrer Periode manchmal gereizt und übersensibel.

~~O Alle Buben fühlen sich in der Pubertät schwach, minderwertig, ausgestoßen und unterschätzt.~~

HSU	Name:	Klasse:	Datum:	Nr.

Wie entsteht menschliches Leben?

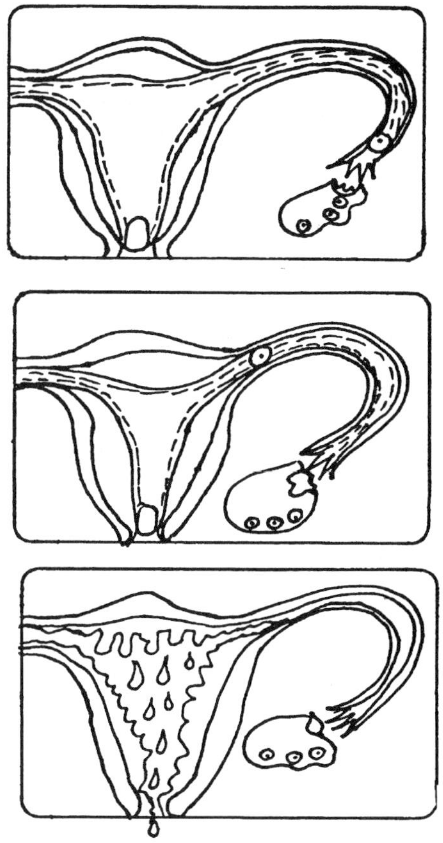

1. Was passiert beim Eisprung?

Vier- bis fünfhundertmal wiederholen sich im Leben einer Frau zwei Vorgänge: Der Eisprung und die Menstruation. Das ist aber keine Frage des Alters, sondern der individuellen Entwicklung eines jeden jungen Mädchens. Meist tritt der erste Eisprung auf, wenn ein Mädchen etwa 48 Kilogramm Körpergewicht erreicht hat und den entsprechend starken Knochenbau hat. Meist zwischen dem 11. und 14. Lebensjahr kommt es zur ersten Monatsblutung, die auch Regel oder Periode genannt wird. Ein Mädchen ist aber nicht erst nach der ersten Monatsblutung empfängnisfähig, sondern bereits etwa vierzehn Tage vorher. Denn zu diesem Zeitpunkt hat sich in den beiden Eierstöcken bereits ein befruchtungsfähiges Ei gebildet.
Nach dem Eisprung wandert das befruchtungsfähige Ei durch den Eileiter in die Gebärmutter. Wenn es nicht befruchtet wird, löst sich 14 Tage später die Schleimhaut der Gebärmutter und die Menstruation beginnt.

Arbeitsaufgabe:
Erklärt mit Hilfe des Textes das Schaubild!

2. Was sind Keimzellen?

Bevor durch Befruchtung neues Leben gezeugt werden kann, müssen die Keimzellen gebildet werden. Wie du oben erfahren hast, reifen abwechselnd in jeweils einem der beiden Eierstöcke der Frau jeden Monat ein Ei heran. In den Hoden des Mannes dagegen bilden sich ständig Millionen von Samenfäden, von denen jeder ein Ei befruchten kann. Im Elektronenmikroskop sieht man es: Ein winziges Samenfädchen, das etwa ein sechzehntel Millimeter misst, wirkt wie ein Tierchen mit Kopf und langem Schwanz. Der Kopf dieser männlichen Samenzelle enthält den Zellkern und die Chromosomen (darin sind alle Erbinformationen eines Menschen enthalten). Das Mittelstück und der Schwanz der Samenzelle dienen der Fortbewegung. Die weibliche Eizelle ist im Verhältnis zur männlichen Samenzelle deutlich größer.
Die Spermien werden in den Hoden gebildet. Sie wandern durch die Hodenkanälchen in die Nebenhoden. Kommt es zum Geschlechtsakt, gelangen die Spermien durch den Samenleiter zu den Samenbläschen. Dort werden sie mit Flüssigkeit vermischt und durch Muskelbewegungen aus dem Harnleiter gepresst.

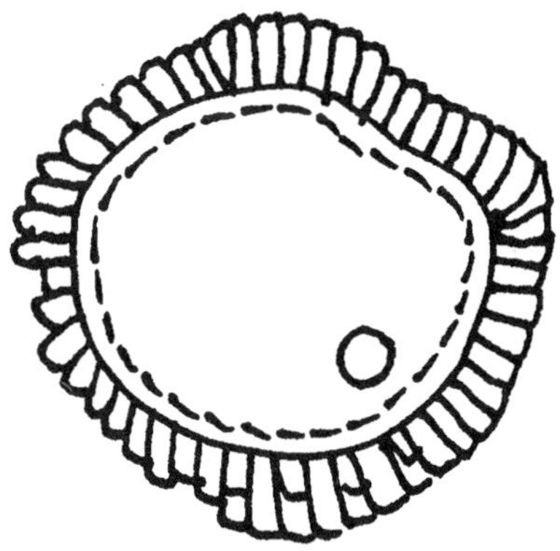

weibliche Eizelle

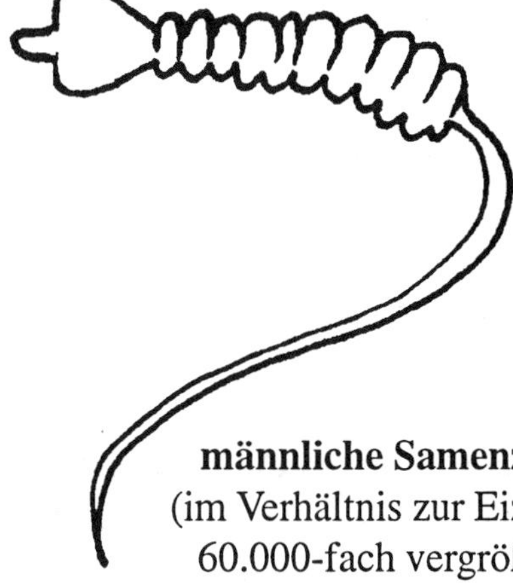

männliche Samenzelle
(im Verhältnis zur Eizelle 60.000-fach vergrößert)

Arbeitsaufgabe:
Erklärt mit Hilfe des Textes das Schaubild!

Wie entsteht menschliches Leben?

Die Natur legt der Zeugung menschlichen Lebens viele Hindernisse in den Weg. Warum das so ist, leuchtet ein: Durch diese Hindernisse sollen missgebildete und nicht zur Zeugung gesunden Lebens geeignete Keimzellen ausgesondert werden. Vor allem die männlichen Samenzellen haben einen langen beschwerlichen Weg vor sich. Wenn sie sich in die Scheide ergießen, müssen sie zuerst die säurehaltigen Absonderungen der Scheidensekrete überstehen. Einige Hunderttausend der 200 Millionen Spermien sterben hier bereits ab. Die zweite Hürde ist der enge Eingang der Gebärmutter, der Gebärmuttermund. Dort verhindert ein Schleimpfropfen, der die Gebärmutter vor dem Eindringen von Fremdstoffen schützen soll, das weitere Vordringen der Samenzellen. Wahrscheinlich erreicht nur die Hälfte der Millionen Samenfäden durch diesen Engpass die Höhle der Gebärmutter. Dort werden sie von chemischen Stoffen bewegt und geleitet, aber viele verirren sich und bohren sich in die weiche Schleimhaut der Gebärmutter und gehen dort zugrunde. Dennoch erreichen einige Millionen den Eileiter und beginnen den zehn Zentimeter langen Weg zum Ei, das ihnen langsam entgegenwandert. Diese letzten zehn Zentimeter sind die anstrengendsten. Im Eileiter befinden sich feine Flimmerhärchen, die das Ei in entgegengesetzter Richtung zur Gebärmutter befördern. Gegen diesen Strom müssen die Samenzellen anschwimmen. Nur die kräftigsten schaffen diese Strecke.

Das Ei hat sich inzwischen zur Befruchtung vorbereitet. Chemische Stoffe haben die Hülle aufgeweicht. Mehrere hunderttausend Samenzellen erreichen im gleichen Augenblick das Ei, aber nur eine kann sie befruchten. Wie die Auswahl vor sich geht, weiß niemand genau. Die Spermien haben jedenfalls in ihrem Kopf eine chemische Substanz eingelagert, die innerhalb kürzester Zeit ein Loch in die Hülle des Eis fressen kann. Sie kommt mit der Eihülle in Berührung, wenn das Spermium gegen das Ei stößt. Durch diese Öffnung schlüpft das winzige Spermium, das nur den sechzigtausendsten Teil der Größe des Eis hat. Es wirft im gleichen Augenblick seinen Schwanz ab. Schon während das Spermium eindringt, verhärtet sich die Eihülle.

Ab jetzt stehen dem Ei Gefahren bevor, mit der die Natur minderwertige Eizellen aussondern will. Die Eizelle hat bisher nur einen kurzen Weg vom Eingang des Eileiters zurückgelegt. Hat es vor dem Eisprung nicht genügend Nahrungsstoffe eingelagert, damit es sich und die eingedrungene männliche Samenzelle auf dem sechstägigen Weg durch den Eileiter in die Gebärmutter versorgen kann, stirbt es. Ist die Zelle missgebildet, so gelingt es ihr nicht, sich in der Schleimhaut der Gebärmutter einzunisten, und geht nach wenigen Tagen bei der normalen Monatsblutung ab.

Das Ei hat zwar eine Lebensdauer von 24 bis 48 Stunden, aber es ist nur sechs bis zehn Stunden davon befruchtungsfähig. Das Spermium braucht etwa sechs bis acht Stunden, um aus der Scheide bis zum Ei vorzudringen. Wenn es ebenfalls nur eine Lebensdauer von wenigen Stunden hätte, dann könnte nur während zwei oder drei Stunden im Monat ein Geschlechtsverkehr zur Empfängnis führen. Um das Aussterben der Rasse Mensch zu verhindern, hat die Natur das Spermium mit einer längeren Lebensfähigkeit ausgestattet: Es kann zwei bis fünf Tage auf ein befruchtungsfähiges Ei warten.

Obwohl der Abstand von einer Monatsblutung zur nächsten bei jeder Frau verschieden lang ist (20 bis 32 Tage), beträgt der Zeitraum vom Eisprung bis zum Beginn der Monatsblutung fast immer 15 Tage. Aus dieser Erkenntnis und der Tatsache, dass Spermien eine Lebensdauer von bis zu fünf Tagen haben, ist von Ärzten ein System entwickelt worden, nach dem berechnet werden kann, an welchen Tagen eine Befruchtung möglich ist.

Arbeitsaufgaben:

1. Nennt Hindernisse für die männliche Samenzelle, bevor sie die Eizelle zur Befruchtung erreicht?
2. Welche Hindernisse hat die Natur für die weibliche Eizelle vorbereitet?
3. Warum hat die Natur für die männliche Samenzelle und die weibliche Eizelle vor der Zeugung Hindernisse aufgebaut?

HSU	Name:	Klasse:	Datum:	Nr.

Wie entsteht und entwickelt sich menschliches Leben?

Menschliches Leben entwickelt sich bereits im Mutterleib, ohne dass wir es anfangs sehen können.

Arbeitsaufgabe:

Tragt in die Wortkarten folgende Begriffe richtig ein:
Zeugung: männliche Samenzelle - weibliche Eizelle
Schwangerschaft: Embryo - Mutterkuchen - 9 Monate
Geburt: Wehen - Fruchtblase - Nabelschnur -

Zeugung	Schwangerschaft	Geburt
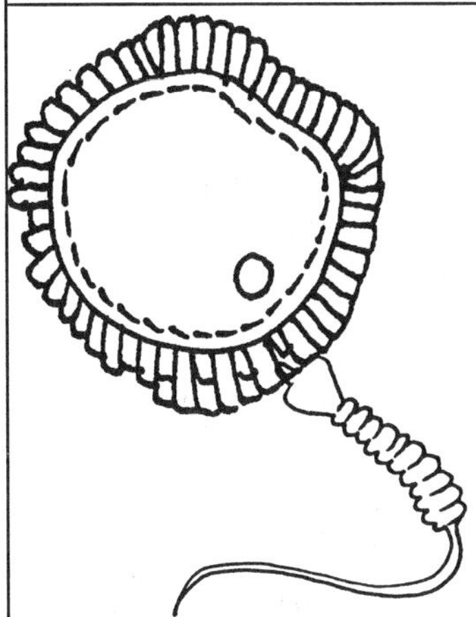		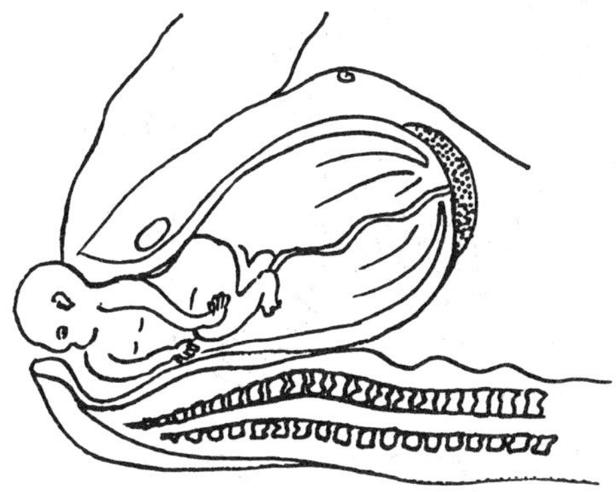

Junge und Mädchen, Mann und Frau unterscheiden sich an den Geschlechtsteilen.

Arbeitsaufgabe:

Tragt in die Wortkarten die richtigen Begriffe ein:
Penis (Glied) - Hoden - Samenleiter - Spermien
Vagina (Scheide) - Eierstock - Eileiter - Eizelle

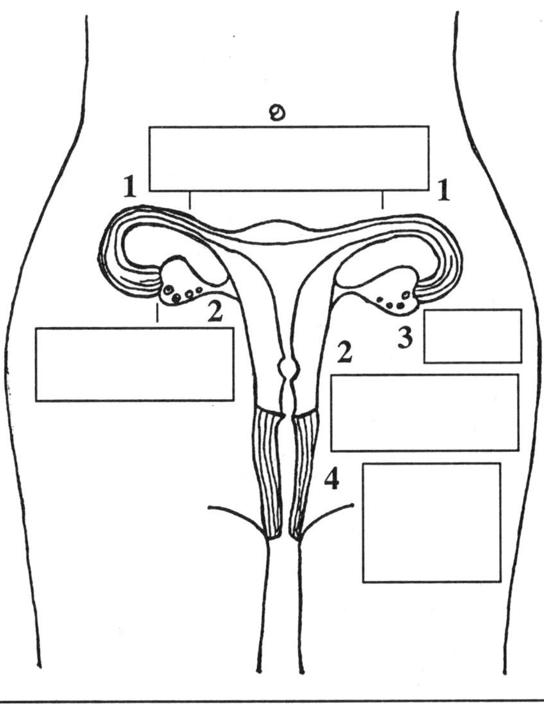

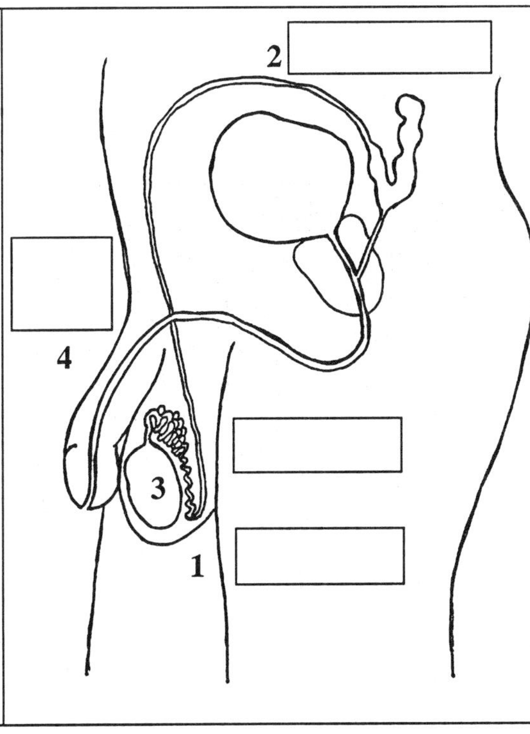

HSU	Name:	Klasse:	Datum:	Nr.

Lö: Wie entsteht und entwickelt sich menschliches Leben?

Menschliches Leben entwickelt sich bereits im Mutterleib, ohne dass wir es anfangs sehen können.

Arbeitsaufgabe:

Tragt in die Wortkarten folgende Begriffe richtig ein:
Zeugung: männliche Samenzelle - weibliche Eizelle
Schwangerschaft: Embryo - Mutterkuchen - 9 Monate
Geburt: Wehen - Fruchtblase - Nabelschnur

Zeugung	Schwangerschaft	Geburt

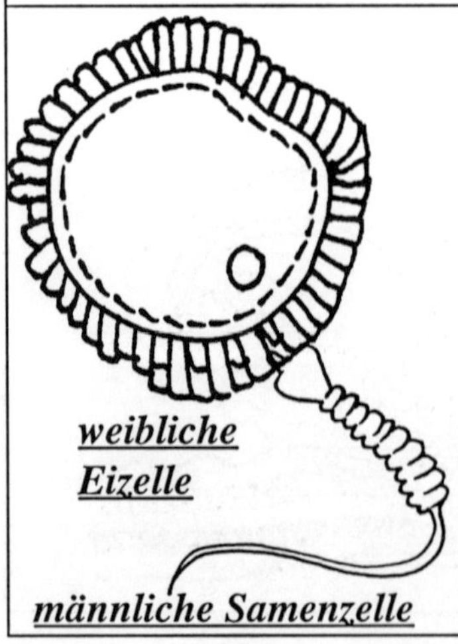

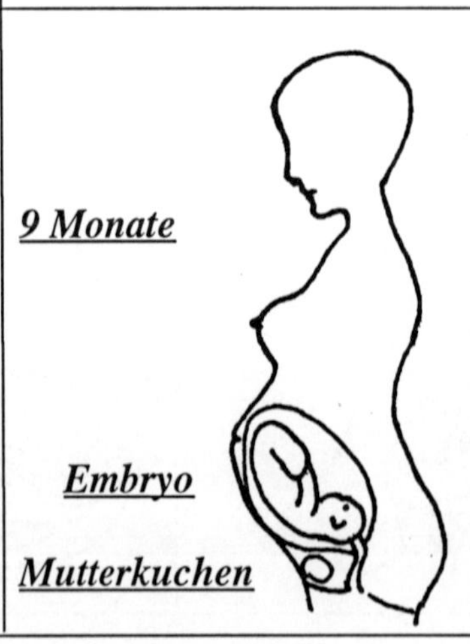

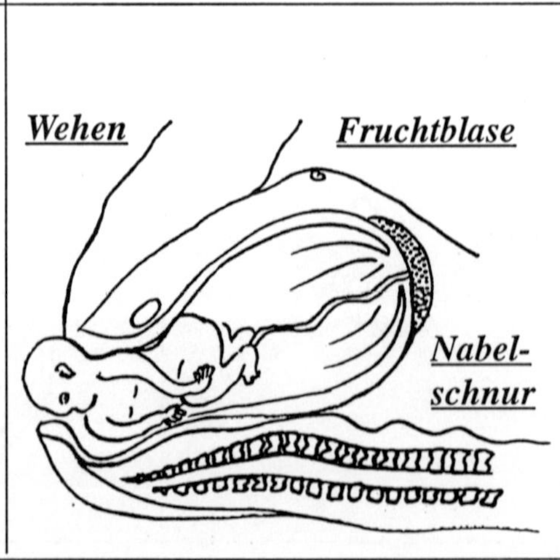

Junge und Mädchen, Mann und Frau unterscheiden sich an den Geschlechtsteilen.

Arbeitsaufgabe:

Tragt in die Wortkarten die richtigen Begriffe ein:
Glied (Penis) - Hoden - Samenleiter - Spermien
Scheide (Vagina) - Eierstock - Eileiter - Eizelle

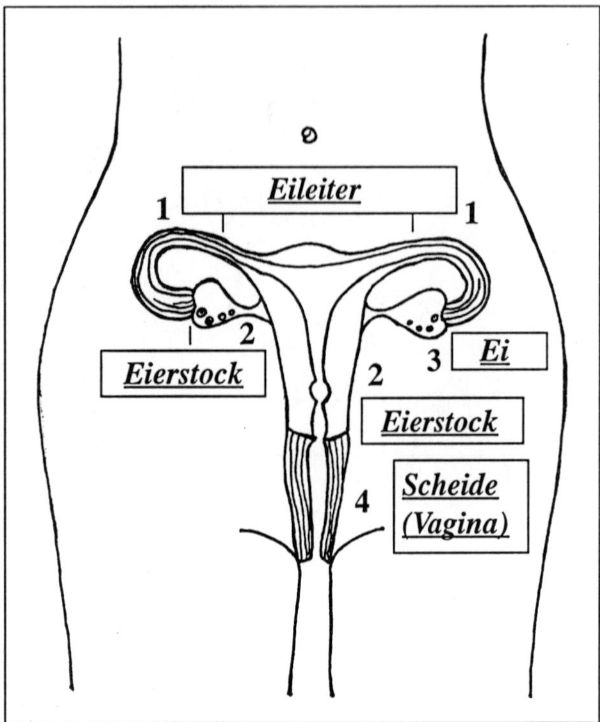

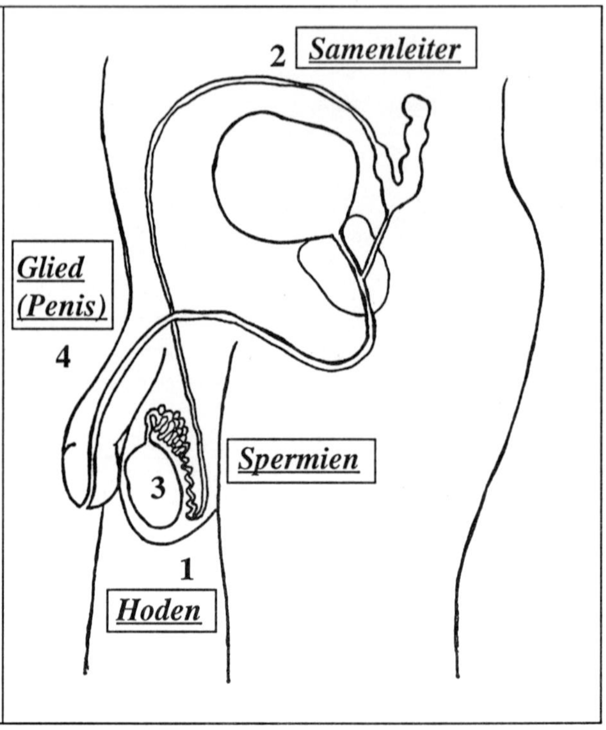

HSU	Name:	Klasse:	Datum:	Nr.

Wie entsteht menschliches Leben?

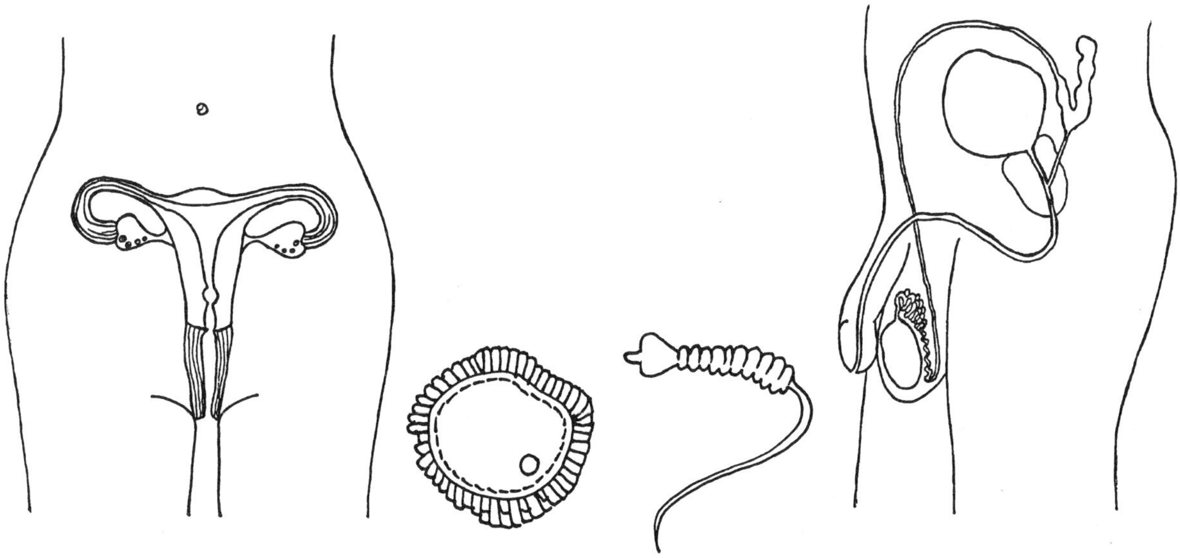

Monatsblutung (Eizelle stirbt ab)

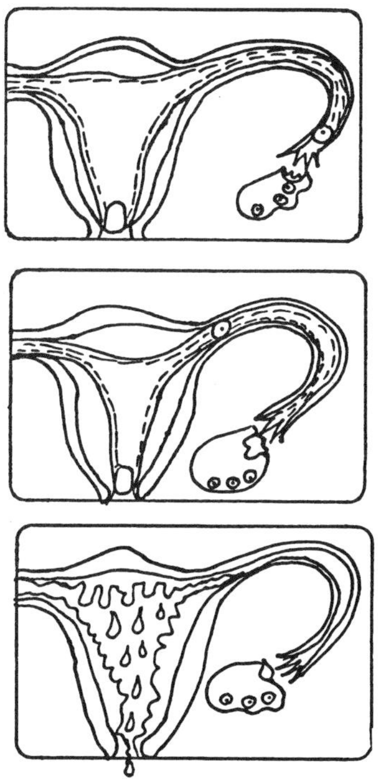

Zeugung (Eizelle wird befruchtet)

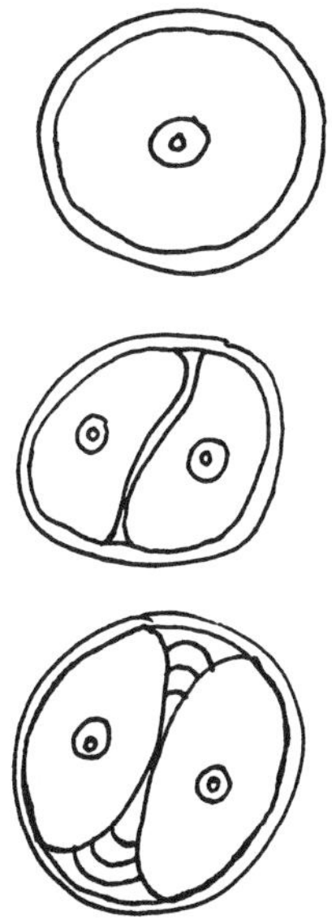

Zellteilung (menschliches Leben entsteht)

Das Embryo wächst 9 Monate im Mutterleib heran

Geburt

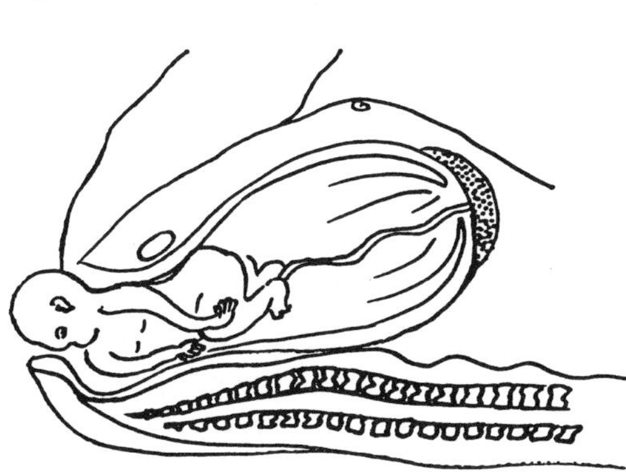

HSU	Name:	Klasse:	Datum:	Nr.

Ole bekommt eine Schwester

Bevor er nämlich seine kleine Schwester bekam, war er immer wütend, weil er gar keine Geschwister hatte. „Andere Menschen bekommen Kinder, aber hier auf diesem Hof können wir anscheinend niemals Kinder bekommen", sagte Ole bitter. Aber dann bekam er doch eine Schwester. Oh, wie war er glücklich! An dem Tag, als sie geboren war, kam er angelaufen und sagte, wir müssten sofort kommen, um sie anzusehen. Das taten wir.

„Das ist sie", sagte Ole und sah uns dabei an, als zeige er uns ein wahres Wunderwerk. „Ist sie nicht süß?" fragte er und sah ganz begeistert aus. Aber das war sie wirklich nicht. Sie war vollkommen rot und runzlig, ja, sie sah entsetzlich aus, fand ich. Ihre Hände aber, die waren süß. Ja, das waren sie. Niemals habe ich jemanden so verblüfft gesehen wie Lasse, als er Oles Schwester sah. Er sperrte Mund und Augen auf und gaffte nur. Aber er sagte kein Wort.

„Ja, sie ist tatsächlich süß", sagte Britta kleinlaut. Und wir gingen hinaus. Draußen sagte Lasse zu Bosse: „Armer Ole! Stell dir vor - so eine Schwester haben zu müssen. Lisa ist ja auch nicht gerade eine Schönheit, aber sie ähnelt doch wenigstens einigermaßen einem Menschen. Stell dir vor, wenn dieses Kind einmal in der Schule anfängt, wie muss sich Ole dann ihretwegen schämen. Ein hässlicheres Mädchen hat es bestimmt in unserer Schule noch nie gegeben."

Danach verging etwas über eine Woche, und wir waren während der ganzen Zeit nicht im Südhof. Ole sprach jeden Tag davon, wie süß seine Schwester sei, und jedesmal sah Lasse dann ganz verstört aus. Aber eines Tages wurden wir alle zusammen in den Südhof zur Taufe von Oles Schwester eingeladen. „Oh, das arme Kind", sagte Lasse traurig, als wir auf dem Weg zum Südhof waren. „Für sie wäre es sicher das beste gewesen, wenn sie hätte sterben dürfen, als sie noch klein war."

In der guten Stube im Südhof sah es wundervoll aus. Da standen viele Blumen, denn Oles Schwester wurde im Frühling geboren, als es Maiglöckchen und Veilchen gab. In einem Krug auf dem Kamin standen grüne Zweige, und der Kaffeetisch war gedeckt. Und Ole war sehr fein angezogen. Das waren wir übrigens auch. Der Pfarrer stand da und wartete. Plötzlich ging die Tür auf, und Tante Lisa kam herein und trug Oles kleine Schwester im Arm. Und, oh, nein - wie war die Kleine süß geworden! Sie hatte große dunkelblaue Augen, ihr Gesicht war zart und rosig, und der Mund, ja, den kann man nicht beschreiben, nein, einen so kleinen, süßen Mund, wie sie ihn hatte, kann man nicht beschreiben! Und sie war in ein feines, langes weißes Taufkleid gehüllt. Lasse sah genauso verblüfft aus wie damals, als er sie das erstemal gesehen hatte.

„Habt ihr eine neue bekommen?" fragte er Ole flüsternd. „Eine neue - was meinst du damit?" fragte Ole erstaunt. „Ein neues kleines Mädchen!" sagte Lasse. ‚Nun behaupte nur nicht, du hättest vergessen, dass ich eine Schwester bekommen habe", sagte Ole, der nicht begriff, dass Lasse glaubte, es sei ein anderes Kind. Da sagte Lasse gar nichts mehr.

Der Pfarrer taufte Oles Schwester auf den Namen Kerstin. - Oh, wie habe ich Kerstin gern! Sie ist das süßeste Kind, das es gibt. Inga und Britta vom Nordhof und ich rennen fast jeden Tag zum Südhof hinüber und sehen zu, wenn Tante Lisa sie wartet. Einmal durften Inga und ich Kerstin warten. Und es kam so:

Kerstin lag in ihrem Bettchen und schrie in den höchsten Tönen, gerade als Tante Lisa damit beschäftigt war, Brot zu backen. Sie war nass und hungrig und wütend - Kerstin natürlich, nicht Tante Lisa. Und da sagte Tante Lisa: „Glaubt ihr, dass ihr sie baden könnt?"

„Und ob", schrien wir beide und wurden ganz glücklich.Inga holte die Wanne hervor und füllte Wasser ein. Aber dann kam erst noch Tante Lisa und fühlte mit dem Ellenbogen nach, ob das Wasser auch die richtige Wärme hatte. Und ich ging und hob Kerstin aus dem Bett. Denkt nur, sie hörte sofort auf zu schreien und begann statt dessen zu lachen. Und als ich sie an mich lehnte, biss sie mich in die Backe. Es tat nicht weh, es war sogar nett. Sie hat ja keine Zähne. Ich wurde ganz nass im Gesicht, aber das machte nichts.

Ich weiß, wie man Säuglinge halten muss. Man muss sie so halten, dass ihr kleiner Rücken gestützt wird. Das hat Tante Lisa mich gelehrt. Ich weiß auch wie man sie halten soll, wenn man sie badet,

HSU	Name:	Klasse:	Datum:	Nr.

damit auf keinen Fall ihr Kopf unter das Wasser kommt. Ich hielt Kerstin, und Inga wusch sie mit dem Waschlappen. Kerstin strampelte mit den Armen und Beinen und sagte: „Ruji, ruji." Und dann versuchte sie, an dem Waschlappen zu saugen, aber das gelang ihr nicht!
„Sie ist doch so süß, man könnte sie direkt aufessen", sagte Inga.
Inga hatte die Badedecke auf dem Küchentisch ausgebreitet und darüber das Handtuch, um Kerstin darin abzutrocknen. Dort legte ich Kerstin vorsichtig nieder, als sie fertig gebadet war. Wir wickelten das Handtuch um sie und trockneten sie dann ab. Wir halfen einander dabei, Inga und ich. Dann puderten wir sie am ganzen Körper ein. Plötzlich steckte Kerstin einen großen Zeh in den Mund und fing an, daran zu saugen. Das sah aber niedlich und geschickt aus! Niemand auf der Welt kann so süße große Zehen haben wie Kerstin. Wir waren aber leider gezwungen, den großen Zeh fortzunehmen, als wir ihr das Hemdchen und das kleine Jäckchen anziehen wollten. Dann half uns Tante Lisa, die Windeln umzulegen, denn das war schwer. Aber die Höschen, die zogen wir ihr wieder an. Als sie fertig war, gab Tante Lisa ihr zu essen. Hinterher durften Inga und ich hinausgehen und Kerstin im Wagen fahren. Wie wir so gingen, kam Ole nach Hause. Er kam sofort angelaufen und nahm uns den Wagen weg. Er glaubte wohl, wir hätten die Absicht, seine Kerstin zu rauben! Aber als er den Wagen eine Weile geschoben hatte, durften wir auch mit anfassen und beim Schieben helfen. Wir erzählten Ole, seine Schwester hätte am großen Zeh gesaugt. Und da lachte Ole zufrieden und sagte: „Ja, es ist ganz unglaublich, wie viele Kunststücke die Kleine schon kann. Na ja, vielleicht geht sie zum Zirkus, wenn sie groß ist." Dann schob er noch eine Zeit, und dann sagte er: „Hm! Sie hat also am großen Zeh gesaugt? Ja, ja, das macht sie fast jeden Tag. Aber ich bin doch ganz froh, dass ihr es nun auch einmal gesehen habt."
In diesem Augenblick wachte Kerstin auf und sah Ole an. Und da kitzelte er sie unter dem Kinn und sagte: „Soso, Kleinchen! Hast du dagelegen und an deinem großen Zeh gelutscht?"
Und dann lachte er wieder und sah noch zufriedener aus. Genau, als ob es das Größte wäre, was man hier auf Erden tun kann - am großen Zeh zu lutschen. ***nach Astrid Lindgren***

Arbeitsaufgaben:

1. Warum gefällt den Nachbarskindern anfangs Ole's Schwesterchen überhaupt nicht?
2. Warum sehen Babys nach der Geburt manchmal „entsetzlich rot und runzlig" aus?
3. Warum finden nach der Taufe die Bullerbü-Kinder Ole's Schwesterchen schön?
4. Bei welchen Aufgaben der Babypflege dürfen die Mädchen mitmachen?
5. Hast du schon einmal ein Baby gepflegt? Wenn ja, berichte darüber!
6. Warum ist Ole neidisch, als die Mädchen sein Schwesterchen im Wagen spazierenfahren?
7. Warum brauchen Babys viel Zuwendung und Zuneigung?
8. Frage deine Mutter über ihre Empfindungen und Wünsche, als du selbst ein Baby warst!
9. Wie verändert sich das Familienleben, wenn ein Baby kommt?
10. Welche Aufgaben haben dann Eltern?
(Tragt die Antworten zu Frage 8 - 10 in die Tabelle ein!)

Was eine Mutter für ihr Baby wünscht und empfindet	
Änderungen im Familienleben	
Aufgaben der Eltern	

HSU	Name:	Klasse:	Datum:	Nr.

Mein Vater arbeitet auf seine Art

„Du, Papa“, sagte Aurora, „kannst du nicht morgen früh mit einem Butterbrotpäckchen aus dem Haus gehen und dich später wieder hereinschleichen?“
„Ja, weshalb denn?“ fragte der Vater.
„Weil mich alle fragen, warum du zu Hause bist und nicht arbeitest“, antwortete Aurora.
„Warte!“ sagte der Vater. „Ich lasse nur noch den Tee ziehen, und dann nehmen wir uns Zeit und reden in Ruhe miteinander. Geh du zu Sokrates und frag ihn, ob er warten kann, bis wir gefrühstückt haben.“ Aurora ging leise ins Schlafzimmer. Der Kinderwagen stand vor dem offenen Fenster, und Sokrates schlief fest.
„Alles in Ordnung“, flüsterte Aurora, als sie zurückkam, „wir können essen.“
Der Vater bekam viel Tee mit wenig Milch und Aurora wenig Tee mit viel Milch.
„Nun will ich dir dies und jenes und noch etwas sagen“, begann der Vater:
„Wenn die anderen Kinder hier behaupten, dass ich nicht arbeite, so kannst du antworten: Es gibt viele Arten zu arbeiten, und mein Papa arbeitet auf seine Art. Als Mama und ich uns kennen lernten, studierten wir beide, weißt du. Ich studierte Griechisch und Geschichte, und Mama studierte Jura. Wir heirateten, und dann bekamen wir dich. Da durften wir doch nicht einfach von dir weglaufen, nicht wahr? Mama konnte eine gute Anstellung als Rechtsanwältin bekommen und viel Geld verdienen, und ich konnte zu Haus bleiben und versuchen, mir etwas zu erarbeiten, was man den Doktorgrad in Geschichte nennt. Und es blieb mir auch noch Zeit, mich im Klavierspiel zu üben.“
„Und uns zu versorgen“, fügte Aurora hinzu.
„Ja“, sagte der Vater. „Eines Tages arbeite ich vielleicht auswärts, und Mama bleibt hier. Aber eins will ich dir sagen: Ich finde, Hausarbeit macht Spaß. Mama denkt darüber anders. Mama ist sehr klug, aber wenn sie Hausarbeit tun soll, ist es gerade, als ob sie zwei linke Hände hätte. So, und nun kannst du die Nase hoch tragen und den Kindern draußen erzählen, dass es nicht bei allen Menschen auf der Welt völlig gleich zugeht. Manche Väter arbeiten zu Hause und andere in der Stadt.“
„Ja, aber muss ich unbedingt jetzt nach draußen gehen?“ fragte Aurora.
„Ja“, sagte der Vater, „du brauchst frische Luft. Du wirst auch bald andere kleine Mädchen kennen lernen. Aber wenn du willst, kannst du warten, bis ich Sokrates versorgt habe.“
Aurora und Papa holten die Milchflasche aus dem Kühlschrank und stellten sie in heißes Wasser. Dann durfte Aurora Sokrates aus dem Wagen nehmen. Sie trug ihn ganz allein zur Wickelkommode. Papa legte ihn trocken und machte „bsbsbsbsbsbsbs“, als Sokrates nicht auf dem Rücken liegen wollte. Sobald er auf den Bauch gelegt wurde, war er gleich wieder guter Laune. Er lachte und nickte und sah aus, als habe er Lust, einen Anlauf zu nehmen und von der Wickelkommode hinunterzuspringen. Er schien schrecklich hungrig zu sein, denn er versuchte, alles in den Mund zu stecken, was er erreichen konnte. Aber er musste warten, bis Papa ihn trockengelegt hatte. Aurora durfte ihm die Flasche geben. Sie legte ihn bequem in ihre Armbeuge, und obgleich sie nicht sehr groß war, fühlte Sokrates sich bei ihr warm und geborgen und war froh, dass jemand Zeit hatte, ihn zu halten, während er trank. Es war dann viel gemütlicher für ihn. Danach wurde er über Papas Schulter gelegt und musste aufstoßen. Wenn er das getan hatte, durfte er in seinem Wagen auf dem Balkon liegen und schlafen. Er schlief sofort ein, und Papa sagte: „Nun habe ich zwei Stunden Zeit bis zum Mittagessen.“

nach Anne-Cathrin Vestly

Arbeitsaufgaben:

1. ***Warum will Aurora von ihrem Papa, dass er frühmorgens mit einem Butterbrotpäckchen aus dem Haus gehen und sich später wieder hereinschleichen soll?***
2. ***Ist Hausarbeit weniger wert als Arbeit in einem Beruf?***
3. ***Muss eine „Hausfrau“ immer eine Frau sein?***
4. ***Wie versorgen Auroras Eltern sie und ihren Bruder Sokrates? Wie teilen sie ihre Arbeit?***
5. ***Warum ist es gut, wenn Kinder ihren Eltern bei der Hausarbeit helfen?***
6. ***Warum ist „Hausarbeit“ auch Männersache?***

HSU	Name:	Klasse:	Datum:	Nr.

Die Rolle der Frau hat sich stark verändert

Wenn die Minnesänger Frauenlieb' und Frauentreu in ihren Liedern besangen, dann war solches Lob im Grunde eine Entschädigung dafür, dass eine Burgherrin von ihrem Ritter keine Liebe empfing. Er focht auf irgendwelchen Kreuzzügen um höhere Ehren und sie kümmerte sich auf der Burg um Küche, Kinder und Kirche.

Noch bis in das letzte Jahrhundert erwartete man von einer liebenden Frau, dass sie sich zur Hälfte als Mutterliebe und zur Hälfte als Treue zum rechtmäßigen Ehemann zeigte. Und das, obwohl vielfach dem heiratsfähigen Mädchen der Gatte meist von den Eltern ausgesucht wurde und Mutterschaft von jeder Frau als eine selbstverständliche Leistung für Familie und Volk erwartet wurde.

Diese Bürgermoral wurde erstmals durch den Ersten Weltkrieg erschüttert: Die Frauen mussten in der Heimat die an der Front stehenden Männer ersetzen. Im häuslichen Kreis vertrat die Mutter das Familienoberhaupt. Oft zerriss der Soldatentod den fürs Leben geschlossenen Bund, und die Witwe trat notgedrungen als selbstständige Persönlichkeit am Arbeits- und am Heiratsmarkt in Erscheinung. Das Erlebnis, im Notfall einzig auf sich selbst angewiesen zu sein, machte die Frau innerlich unabhängiger. Das wohlbehütete „Heimchen am Herd" kam unter die Leute. War Treue früher schon aus Mangel an Gelegenheit selbstverständlich, konnte jetzt die Frau Männer überall kennen lernen. Zudem schuf die wirtschaftliche Entwicklung der weiblichen Selbstständigkeit eine solide Grundlage: Immer mehr Frauenberufe taten sich auf. Arbeit, die früher männliche Muskelkraft erfordert hatte, war dank Maschinenkraft nun auch von Frauen zu bewältigen.

Selbst das rückschrittliche Sittenvorbild der Nationalsozialisten - die möglichst oft gebärende Mutter in Küche und Kinderzimmer - konnte die weibliche Emanzipation nicht aufhalten, zumal der Zweite Weltkrieg die Frauen ebenso forderte wie der erste.

Die äußerliche Verselbständigung der Frau bewirkte zugleich, dass sie ihr Geschlecht entdeckte. Die Mädchen wählten sich ihre Partner selbst und probierten sie vorher auch aus. Die „Antibabypille" ermöglichte der Frau sexuelle Freizügigkeit, ohne Angst haben zu müssen, ungewollt schwanger zu werden. Äußeres Zeichen weiblicher Emanzipation wurde in den siebziger Jahren der Minrock. Er war nicht nur praktisch, sondern auch Symbol der Befreiung von der „Züchtigkeit", die der Frau lange genug verbot, in der Öffentlichkeit ihre Reize zu zeigen und etwa nach eigenem Gusto einen Mann zu „verführen". Verführung war ein rein männliches Recht: Die Frau wurde „genommen", sie „gab sich hin"; schon die Wortwahl unterstrich die beherrschende Stellung des Herrn der Schöpfung.

Außer dem Minirock hat die Frau auch zunehmend die Hosen an - buchstäblich und im übertragenen Sinne. Da die Frau ihre Partner frei wählen konnte, musste der Mann mehr um ihre Liebe werben, und zwar nicht mehr bis zur „Eroberung", sondern - wollte er sich ihre Liebe erhalten - auch im Alltag des Zusammenlebens. Männer wurden da und dort „Hausmänner", halfen zumindest im Haushalt und in der Kinderbetreuung mit. Immer mehr Kinder wurden echte „Wunschkinder", immer mehr Ehen entstanden durch echte Liebesheiraten.

In einem Buch aus dem Jahre 1970 steht: „Die Frau von heute hat ihre Persönlichkeit, ihre Gefühle und ihre Sexulalität entdeckt. Die Ideale der Gatten- und Mutterliebe sind hinter die Selbstverwirklichung zurückgetreten. Die Liebe der Frau ist durch diese Veränderungen umfassender geworden. Sie liebt nicht nur ihre Kinder und ihren Mann. Sie tritt als Geliebte auf, als Partnerin des Mannes und als berufliche Mitverdienerin mit eigenem Einkommen."

Arbeitsaufgaben:

1. Welche Rolle spielt heute am Beginn der 21. Jahrhunderts die Frau?
2. Gibt es auf allen Gebieten eine echte Gleichberechtigung?
3. Welche Aufgaben hatte die Frau um 1900?
4. Wie änderte sich die Rolle der Frau im 20. Jahrhundert?
5. Stellt mit Hilfe von Bildern und Texten aus Sach- und Fachbüchern eine Ausstellung zum Thema: „Die Rolle der Frau im Laufe der Jahrhunderte" zusammen!

HSU	Name:	Klasse:	Datum:	Nr.

Die Rolle der Frau hat sich stark verändert

Paar im Mittelalter

Paar im 17. Jahrhundert

Paar im 19. Jahrhundert

Paar im 20. Jahrhundert

Hausfrauliche Tätigkeiten im 19. Jahrhundert: waschen - bügeln - kochen

Die Frau heute: Berufstätigkeit - Familie - Selbstständigkeit

HSU	Name:	Klasse:	Datum:	Nr.

Sind Mädchen Jungen unterlegen?

Jahrhundertelang glaubte man, die Frau sei dem Mann nicht ebenbürtig. Sogar Wissenschaftler lieferten den angeblichen „Beweis“ für dieses Märchen. Sie sagten: Weil das Gehirn der Frau weniger wiegt als beim Mann ist die Frau dem Mann unterlegen! Woran liegt es, dass mehr Männer als Frauen berühmt geworden sind? Ist die Frau dem Mann geistig wirklich unterlegen? Die Intelligenz-Forscher verneinen das: Jungen und Mädchen können die gleichen Fähigkeiten entwickeln! Die Wissenschaft weiß heute, dass Verstandesleistungen generell weniger auf Vererbung beruhen als auf Erziehung und Umwelteinflüsse. Was bedeutet das? Auch Kinder intelligenter Eltern erben nichts als die Anlage zu jenen Fähigkeiten, die erst durch Anregung und Lernhilfe ausgeprägt werden müssen. Umgekehrt: Kinder mit Eltern, die keine so hohe Intelligenz vererben, können durch gute Umwelteinflüsse und Lernbereitschaft, z. B. durch Leseinteresse, Bildungshunger, Wissensdurst, Entdeckungsvermögen, Probierbereitschaft usw. nicht nur ihre schulischen Fähigkeiten stark erweitern.

Junge und Mädchen haben dabei die gleiche Chance, intelligent zu werden. Nach Ansicht aller Wissenschaftler hängt das hauptsächlich davon ab, ob ihre Fähigkeiten gefördert oder gebremst werden. Jahrhunderte alte Rollenverteilung zwischen den Geschlechtern setzt jedoch bis heute unterschiedliche Lernziele. Ein Beispiel. Der Junge, der später der Ernährer der Familie sein soll, muss Lehre oder Studium absolvieren. An Mädchen, deren „natürlichste“ Aufgabe es angeblich ist, einmal Mutter zu werden, stellt man keine so hohen Anforderungen. Stimmt das? Ist das richtig so? Bereits im Elternhaus werden so genannte „geschlechts-typische“ Eigenschaften gefödert: Beim Knaben Begeisterungsvermögen, Tatkraft, Sachlichkeit, abstraktes Denken, Härte, Rechthaberei, Freiheitsdrang, Überbewertung der Berufstätigkeit. Beim Mädchen Streben nach Harmonie, Hingebungsbedürfnis, Wärme, Mitgefühl, Beharrlichkeit, Treue.

Jedes Abweichen von dieser „Norm“ (=Richtlinie, gesellschaftliche Vorgabe) wird oft als unmännlich oder unweiblich abqualifiziert. Wenn ein Mädchen auf Bäume klettert, tut es das nach Ansicht mancher Erwachsener nur, um den Knaben zu gleichen. Sie können sich nicht vorstellen, dass es auch Mädchen einfach nur Spaß und Vergnügen machen kann.

Stellt euch vor: Erst im Jahre 1908, also vor knapp 100 Jahren, hat die Reform der Frauenbildung in Preußen den Mädchen die gleiche Möglichkeit wie den Jungen eröffnet, Schulwissen zu erwerben. Bis zu diesem Zeitpunkt war es noch ein Vorrecht der Männer, Schulwissen zu erwerben. Der Kampf der Frauen um Gleichberechtigung ist alt und dauert bis heute an. Zwei Beispiele zeigen dir das: Die französische Schriftstellerin George Sand kämpfte bereits zwischen 1840 und 1876, oft in Männerkleidung, für die Gleichberechtigung der Frau. Als Suffragetten (vom englischen Wort suffrage = Stimmrecht) wurden Frauenrechtlerinnen bezeichnet, die um 1900 in England auf die Straße gingen und für politische Mitbestimmungsrechte demonstrierten.

Aber auch das Beispiel großer Leistungen von Frauen zeigt uns die Geschichte: Gleich zweimal ist Marie Curie (1867-1934) für ihre hervorragenden wissenschaftlichen Arbeiten mit dem Nobelpreis geehrt worden. In der Politik haben sich Indira Gandhi als indische und Golda Meir als israelische Ministerpräsidentin einen Namen gemacht.

Fazit: Der so genannte Begabungsunterschied zwischen Mann und Frau ist gesellschaftlich zu sehen, nicht so sehr biologisch. Intelligenz ist die Fähigkeit, das Denken auf neue Forderungen einzustellen und sich wechselnden Lebensbedingungen anzupassen. Diese Fähigkeit ist nicht vom Geschlecht abhängig. Junge und Mädchen können sie gleich erwerben.

Arbeitsaufgaben:

1. *Was war früher der Grund zu glauben, die Frau sei dem Mann nicht ebenbürtig?*
2. *Wie werden heute Verstandesleistungen erklärt? Hängen sie mehr von der Vererbung ab oder von Lebensbedingungen?*
3. *Nennt weitere berühmte Frauen aus der Geschichte, deren Leben beweist, dass sie großartige Leistungen vollbrachten* (z.B. Astrid Lindgren, Mutter Teresa, Wilma Rudolph)!

HSU	Name:	Klasse:	Datum:	Nr.

Liebe ist ...

„Was Liebe ist, wissen alle", sagen die einen. „Was Liebe ist, weiß keiner", sagen die anderen. Eine wohl sehr schwierige Frage. Die Bilder helfen euch, sich dem Thema zu nähern.

Berühmte Liebespaare: Orpheus + Euridike, Othello + Desdemona, Kleopatra + Caesar, Venus + Adonis

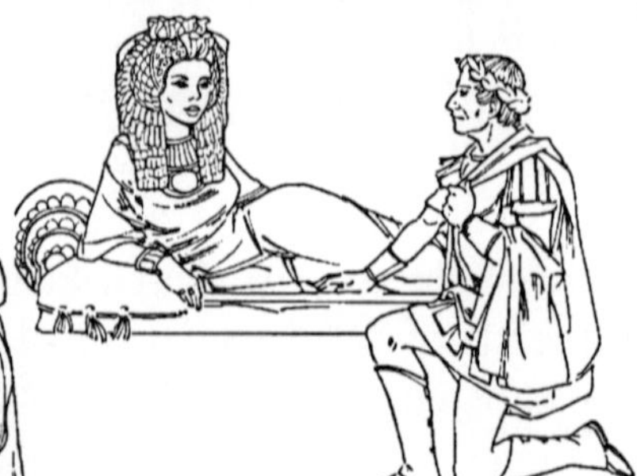

Arbeitsaufgaben:

1. *Beschreibt die Bilder und erklärt, was Liebe eurer Meinung nach ist!*
2. *Diskutiert eure Meinungen!*
3. *In welchen Formen äußert sich Liebe?*
4. *Findet andere Wörter für Liebe!*
5. *Was bedeutet die Liebe zwischen Mann und Frau?*
6. *Hält Liebe zwischen zwei Menschen ewig?*
7. *Berichtet über berühmte Liebespaare, z. B. Romeo und Julia!*
8. *Sammelt Hochzeitsfotos eurer Eltern und stellt sie im Klassenzimmer zum Thema „Liebe ist ..." aus!*

HSU	Name:	Klasse:	Datum:	Nr.

Eltern-Kind-Konflikte

Der Schriftsteller Erich Kästner beschreibt eine Familiensituation folgendermaßen:

Erwachsene haben ihre Sorgen. Kinder haben ihre Sorgen. Und manchmal werfen die Sorgen, weil sie so groß und breit sind, sehr viel Schatten und frieren.

Und wenn das Kind zum Vater kommt und etwas fragt, knurrt der: „Lass mich in Ruhe! Ich habe den Kopf voll!"

Puh, und dann verkriecht sich das Kind, und der Vater versteckt sich hinter der Zeitung.

Und wenn die Mutter ins Zimmer tritt und fragt: „Was hat's denn gegeben?", sagen beide: „Och, nichts weiter", und dann ist es mit dem Familienglück Essig. Und manchmal zanken sich die Eltern und dann ...

Beim Schreiben fällt mir plötzlich auf, dass diese Nachdenkerei eigentlich von den Erwachsenen gelesen werden müsste. also, wenn's mal wieder zu Hause qualmt, dann schlagt diese Seite hier auf und gebt sie euren Eltern zum Lesen. Ja? Schaden wird es nichts.

Arbeitsaufgaben:

1. **Was bedeutet der Satz: „Und manchmal werfen die Sorgen, weil sie so groß und breit sind, sehr viel Schatten und frieren"?**
2. **Welche Sorgen könnte der Vater haben, weil er sich hinter der Zeitung versteckt?**
3. **Welche Probleme könnte das Kind haben, die es dem Vater erzählen will?**
4. **In welchen Situationen herrscht in Familien „dicke Luft"?**
5. **Warum kommen Vater und Kind nicht ins Gespräch?**
6. **Was könnten Kind, Vater und Mutter tun, damit es mit dem Familienglück nicht „Essig" ist?**
7. **Ergänze in Gedanken folgenden Satz:**
   „Und manchmal zanken sich die Eltern und dann ..."
8. **Ergänze in Gedanken folgenden Satz:**
   „Und manchmal zanken sich Eltern und Kind, und dann ..."

Manchmal kommt es zu Eltern-Kind-Konflikten,
weil Eltern und Kinder unterschiedliche Erwartungen und Gefühle haben.
Schreibt in die Tabelle ein ähnliches Beispiel wie im Text von Erich Kästner!

	Familiensituation	Erwartungen	Gefühle
X		X	X
Kind	X		
Eltern	X		

HSU	Name:	Klasse:	Datum:	Nr.

Andi fühlt sich bescheuert

Unten findet ihr einen Auszug aus einem Gespräch , das Mutter mit Andi, 12 Jahre, führt:

Mutter: Wie geht's?
Andi: Nichts los. Alle Freunde sind im Urlaub. Nirgendwo läuft was. Ich fühl mich bescheuert.
Mutter: Man kann sich auch in Einsamkeit und Langeweile baden. Geh doch raus! Tritt dir mit dem Stiefel in den eigenen Hintern. Unternimm was! Kino zum Beispiel?
Andi: Nein danke!
Mutter: Sporteln?
Andi: Nein danke, das schon gar nicht! Lass mich in Ruhe mit deinem blöden Sport!!!
Mutter: Wie wärs mit einer Ausstellung?
Andi: Nein, keine Kunst!
Mutter: Irgendein Spiel?
Andi: Ja, ja, dein kleiner Bubi will spielen! Ja, Mensch ärgere dich nicht! Das will ich spielen!
Mutter: Im Ernst: Wie wärst mit Jugendzentrum?
Andi: Nein danke, öde! Oder doch? Vielleicht. Na ja, die sind nicht ohne! Aber lieber doch nicht!
Mutter: Dann geh spazieren! Ins Stadtzentrum.
Andi: Es ist Sonntag. Ätzend!
Mutter: Dann geh in den Park!
Andi: Der ist voller Leute. Was soll ich da?
Mutter: Gibt's kein Schwimmbad in der Nähe?
Andi: Ja, aber ich habe keine Badehose.
Mutter: Spring ins Wasser! Oder klemm dir den Fahrradsattel unter den Po! Dreh ein paar Runden! Du bist zu müde dazu? Dann leg dich aufs Ohr! Stülp dir den Kopfhörer über! Kram eine Platte raus, die du seit Jahren nicht mehr gehört hast!
Du hast doch Rollerskates! Warum fährst du nicht raus? -
Was ist mit der Jugendgruppe, die neulich für den Tierschutz Flugblätter verteilt hat? Haben die nicht heute ihren Treff? Geh einfach mal hin. Du kannst danach ja wieder wegbleiben. Du kannst sogar vorher weggehen. Aber geh erst mal hin! Andi, heb deinen A... und geh einfach hin!

Arbeitsaufgaben:

1. ***Warum kann Andi mit den Vorschlägen der Mutter wenig anfangen?***
2. ***Welche Schwierigkeiten hat Andi?***
3. ***Welche Ratschläge würdest du Andi geben, damit er zufriedener, ausgeglichener und selbstsicherer wird?***
4. ***Schreibt in die Tabelle Textbeispiele, die zeigen, wie sich Andi fühlt!***

unsicher	unausgeglichen	gelangweilt	einsam

schwankend	gefühlsbetont	aggressiv

HSU	Name:	Klasse:	Datum:	Nr.

Den richtigen Ton finden

Gute Umgangsformen machen unser Zusammenleben leichter und menschlicher. Ein Sprichwort sagt: Der Ton macht die Musik!

Arbeitsaufgaben:

1. Was bedeutet das Sprichwort?

2. Schreibt gute Beispiele, die einen guten Umgangston zeigen, in die Sprechblasen!

3. Lest euch eure Vorschläge gegenseitig vor und beurteilt sie!

4. Stellt eure Arbeitsblätter im Klassenzimmer aus!

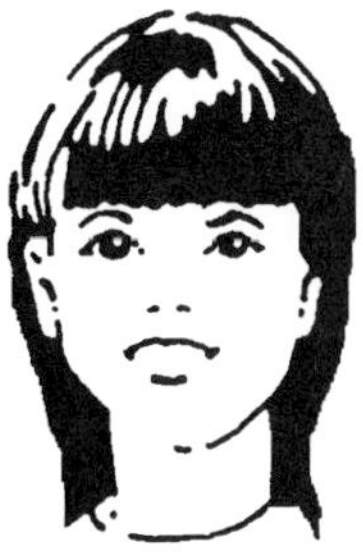

grüßen

ansprechen

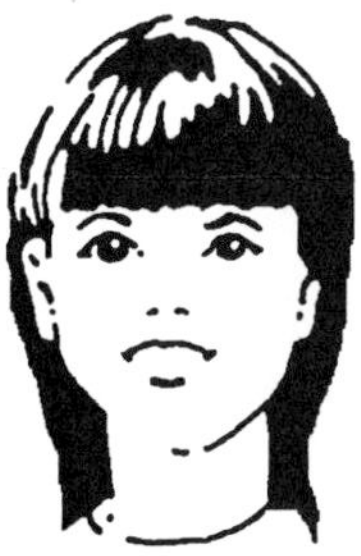

bitten

danken

HSU	Name:	Klasse:	Datum:	Nr.

Lösung: Den richtigen Ton finden

Gute Umgangsformen machen unser Zusammenleben leichter und menschlicher. Ein Sprichwort sagt: Der Ton macht die Musik!

Arbeitsaufgaben:

1. Was bedeutet das Sprichwort?

2. Schreibt gute Beispiele, die einen guten Umgangston zeigen, in die Sprechblasen!

3. Lest euch eure Vorschläge gegenseitig vor und beurteilt sie!

4. Stellt eure Arbeitsblätter im Klassenzimmer aus!

grüßen

Grüß Sie Gott, Frau Weber!
Wie geht's Ihrer Mutter?
Ist Sie bereits wieder aus dem Krankenhaus zurück?
Hallo Fritz! Wie geht's?
Guten Morgen Herr Zeiler!
Schon ausgeschlafen?

ansprechen

Entschuldigen Sie, ich habe da ein kleines Problem!
Können Sie mir helfen?
Entschuldigen Sie! Ich müsste wissen, ob dieser Bus Richtung Hauptbahnhof fährt!
Kannst du mir sagen, ob der Automat auch Münzen nimmt?

bitten

Mama, kannst du mir heute Nachmittag beim Einkaufen einen Radiergummi bitte mitbringen?

Tommi, ich hätte da eine Bitte! Kannst du mir morgen deine Luftpumpe leihen, sonst kann ich bei der Radtour nicht mitmachen!

danken

Ich habe mich über dein Geschenk sehr gefreut.
Dank dir!

Dass du mir gestern bei den Hausaufgaben geholfen hast, finde ich prima. Vielen Dank!
Ich werde mich revanchieren!

HSU	Name:	Klasse:	Datum:	Nr.

Wie gehen wir rücksichtsvoll miteinander um?

Gute Umgangsformen haben bedeutet mehr als bloß „grüßen „„bitten"" und „danken".
Arbeitsaufgabe:
Finde zu den Fallbeispielen je einen passenden Satz, der gute Umgangsformen aufzeigt!

Beispiel 1:

Norbert ist kein guter Schüler in Geschichte. Manchmal fürchtet er, dass im nächsten Zeugnis eine Fünf steht. Er kann sich nur schwer den Stoff merken. Eines Tages nimmt Lehrer Haas die alten Römer durch. Norbert ist fasziniert von der Geschichtsstunde. In der Pause geht er auf seinen Lehrer zu und flüstert ihm leise ins Ohr: „Auch wenn ich in Geschichte schlechte Noten habe, aber Ihre Geschichtsstunde gestern war super! Ich höre gerne zu und mache in Zukunft noch besser mit!"

Beispiel 2:

Claudia studiert den Anzeigenteil der Lokalzeitung. Da liest sie plötzlich: „Jugendgruppe lädt ein - zur Seniorenbetreuung im Altersheim Samstag, 14.00 Uhr. Alle sind eingeladen."
Claudia überlegt. „Eigentlich habe ich samstags was Besseres vor. Ich wollte schon immer die neue Platte von T-Bone anhören. Und wenn das Wetter schlecht ist, mag ich nicht vor die Tür. Und überdies mag ich alte Leute nicht besonders!" Ob sie hingeht?

Beispiel 3:

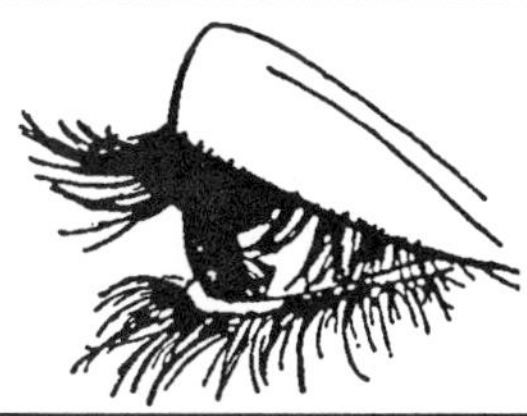

Die Ampel zeigt Grün. Schnell überqueren die Fußgänger den Zebrastreifen. Eine alte Frau kommt nur zögernd voran. Als die Signalanlage umschaltet, befindet sich die Frau noch in der Mitte der Straße. Geistesgegenwärtig springt Hermann zurück, hebt seinen rechten Arm, um den anfahrenden Autos ein Stop-Zeichen zu geben. Den linken Arm gibt er der alten Frau; sie kann sich einhängen.

Beispiel 4:

Frau Rimkus steuert Freitag Mittag der Schultüre zu. Links unter dem Arm trägt sie zwei Stapel Hefte, rechts in der Hand hat sie Schultasche und Tüten. Vor ihr steht eine kleine Gruppe Schüler und plaudert. Plötzlich springt Susanne auf und geht zur Türe. Sie öffnet mit beiden Händen die schwere Glastüre. Frau Rimkus lächelt ihr nur zu. Susanne weiß, was das bedeutet.

Übrigens:
Es gibt viele Umgangsformen, die das Zusammenleben erleichtern:

HSU	Name:	Klasse:	Datum:	Nr.

Lösung: Wie gehen wir rücksichtsvoll miteinander um?

Gute Umgangsformen haben bedeutet mehr als bloß „grüßen „„bitten"" und „danken".
Arbeitsaufgabe:
Finde zu den Fallbeispielen je einen passenden Satz, der gute Umgangsformen aufzeigt!

Beispiel 1:
Norbert ist kein guter Schüler in Geschichte. Manchmal fürchtet er, dass im nächsten Zeugnis eine Fünf steht. Er kann sich nur schwer den Stoff merken. Eines Tages nimmt Lehrer Haas die alten Römer durch. Norbert ist fasziniert von der Geschichtsstunde. In der Pause geht er auf seinen Lehrer zu und flüstert ihm leise ins Ohr: „Auch wenn ich in Geschichte schlechte Noten habe, aber Ihre Geschichtsstunde gestern war super! Ich höre gerne zu und mache in Zukunft noch besser mit!"

Wertschätzung

Ich zeige dem Anderen, dass ich ihn schätze

Beispiel 2:
Claudia studiert den Anzeigenteil der Lokalzeitung. Da liest sie plötzlich: „Jugendgruppe lädt ein - zur Seniorenbetreuung im Altersheim Samstag, 14.00 Uhr. Alle sind eingeladen."
Claudia überlegt. „Eigentlich habe ich samstags was Besseres vor. Ich wollte schon immer die neue Platte von T-Bone anhören. Und wenn das Wetter schlecht ist, mag ich nicht vor die Tür. Und überdies mag ich alte Leute nicht besonders!" Ob sie hingeht?

Hilfsbereitschaft

Ich bin bereit, anderen zu helfen

Beispiel 3:
Die Ampel zeigt Grün. Schnell überqueren die Fußgänger den Zebrastreifen. Eine alte Frau kommt nur zögernd voran. Als die Signalanlage umschaltet, befindet sich die Frau noch in der Mitte der Straße. Geistesgegenwärtig springt Hermann zurück, hebt seinen rechten Arm, um den anfahrenden Autos ein Stop-Zeichen zu geben. Den linken Arm gibt er der alten Frau; sie kann sich einhängen.

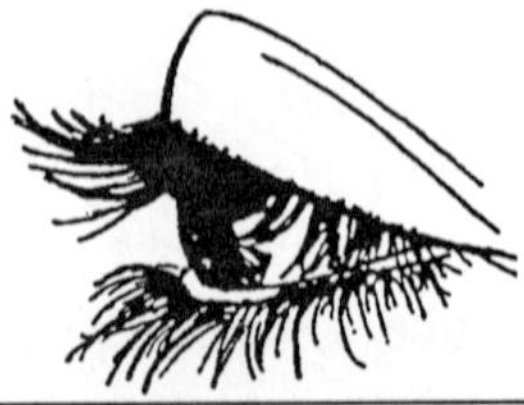

Aufmerksamkeit

Ich sehe andere, die meine Hilfe brauchen

Beispiel 4:
Frau Rimkus steuert Freitag Mittag der Schultüre zu. Links unter dem Arm trägt sie zwei Stapel Hefte, rechts in der Hand hat sie Schultasche und Tüten. Vor ihr steht eine kleine Gruppe Schüler und plaudert. Plötzlich springt Susanne auf und geht zur Türe. Sie öffnet mit beiden Händen die schwere Glastüre. Frau Rimkus lächelt ihr nur zu. Susanne weiß, was das bedeutet.

Rücksichtnahme

Ich erweise dem Anderen eine kleine Aufmerksamkeit

Übrigens:
Es gibt viele Umgangsformen, die das Zusammenleben erleichtern:
Freundlichkeit, Dankbarkeit, Aufgeschlossenheit, Toleranz, Solidarität, Partnerschaftlichkeit, Nachgiebigkeit, Friedfertigkeit u. a. S-Vorschläge

HSU	Name:	Klasse:	Datum:	Nr.

Was mir besonders wichtig ist!

Arbeitsaufgaben:

1. Bringe deine eigene Meinung zum Ausdruck!
2. Begründe deine Meinung!
3. Vergleiche deine Meinung mit den anderen Meinungen deiner Mitschüler!
4. Setzt euch sprachlich mit euren Vorstellungen auseinander und haltet dabei die Gesprächsregeln ein!

als Junge ist mir wichtig	als Mädchen ist mir wichtig
Freizeitgestaltung	
Freunde	
Schule	
Eltern	
Meine Zukunft	

HSU	Name:	Klasse:	Datum:	Nr.

Erwartungen ausdrücken

Arbeitsaufgaben:
1. Beantworte die Fragen auf dem Arbeitsbaltt und zeichne dazu!
2. Trage deine Vorstellungen der Klasse vor und begründe!
3. Diskutiert gegenseitig eure Antworten und stellt Unterschiede und Gemeinsamkeiten fest!

1. Welchen Beruf möchte ich später einmal ausüben?

---

2. Wie sollte mein späterer Partner sein?

---

3. Wie und wo möchte ich später einmal leben?

---

4. Was schätze ich bei meinen Freunden besonders?

---

5. Welche Ziele habe ich momentan?

---

6. Wichtigste Frage für mich selbst:

HSU	Name:	Klasse:	Datum:	Nr.

Die eigene Meinung zum Ausdruck bringen

Arbeitsaufgaben:

1. Bringe deine eigene Meinung zum Ausdruck!
2. Begründe deine Meinung!
3. Vergleiche deine Meinung mit den anderen Meinungen deiner Mitschüler!
4. Setzt euch sprachlich mit euren Vorstellungen auseinander und haltet dabei die Gesprächsregeln ein!

„Mädchen sind technisch wenig begabt, zickig, launisch und dumm!“

„Jungen haben keine Ahnung von Babypflege, Mode, Kochen und Shopping!“

„Arbeitslose sind generell faule Leute. Wenn jemand Arbeit finden will, findet er sie!“

„Ausländer sollen in ihren Herkunftsländern bleiben. Wir haben selbst genug Arbeitslose, die Jobs brauchen!“

HSU	Name:	Klasse:	Datum:	Nr.

Sich selbst behaupten und Nein sagen können

Es ist nicht immer leicht, seine eigene Meinung zum Ausdruck zu bringen. Dennoch gibt es Situationen, in denen du dich selbst behaupten und sogar ein klares Nein sagen musst.

Arbeitsaufgaben (in Gruppenarbeit):
1. Lest die Fallbeispiele durch und diskutiert die Standpunkte der handelnden Personen!
2. Mit welcher Person stimmt ihr jeweils überein?
3. Welche Handlungsweise lehnt ihr ab?
4. Diskutiert eure Ergebnisse in der Klasse?
5. Wo gibt es Meinungsunterschiede, wo Meinungsgleichheit?

Fall 1: Fingerei
Richard geht seit sechs Wochen in das Training der E-Jugend. Trainer Buchholz lobt Richard wegen seines Einsatzes. Dabei klopft er ihm öfter als notwendig auf die Schulter. Bei der Aufwärmgymnastik fasst Herr Buchholz Richard stets unter die Arme und unterstützt ihn bei den Liegestützen mit Griffen an die Hüfte.
Richard kommt das komisch vor. Er überlegt: Soll ich Papa von dem zudringlichen Fußballtrainer erzählen?

Fall 2: Kriminell
Hansi, Thomas und Bert sind dicke Freunde. Weil sie noch nicht 16 sind, müssen sie die Party im Jugendhaus um 22 Uhr verlassen. Über diesen Rauswurf sind sie verärgert. Sie beschließen, bis drei Uhr früh zu warten, um dann Randale zu machen. Tatsächlich werfen sie ein Fahrrad in die Glastüre des Jugendhauses, biegen ein Entlüftungsrohr um, reißen einen Briefkasten aus der Verankerung und beschmieren mit Spraydosenfarbe zwei Wände.
Am nächsten Tag plagt Bert das schlechte Gewissen und er beichtet die Untaten seinen Eltern. Als Thomas und Hansi das von ihm erfahren, machen sie ihm Vorwürfe: „Spinnst du, deine Alten hetzen uns jetzt die Polizei auf den Hals!“

Fall 3: Mutprobe
„Du, das geht ganz einfach. Ich hab den Trick von meinem großen Bruder gelernt!“ flüstert Georg seinem Freund Ludwig ins Ohr. Und Georg erklärt weiter: „Du brauchst nur den Schraubenzieher am Vorderfenster ansetzen und mit einem Ruck ....“ Ludwig hört interessiert zu. „Und du meinst, wir sollten das heute Nacht machen?“ fragt Ludwig. Er hat ein mulmiges Gefühl im Bauch. Er weiß, dass das, was die beiden vorhaben, gegen das Gesetz verstößt. Aber Georg läst nicht locker: „Wenn du ein ganzer Kerl bist, dann machst du das locker! Also bis heute Abend. Ich rechne mit dir!“ Ludwig bekommt Bauchweh. Mit wem soll er reden?

Fall 4: Der Duft der großen weiten Welt
Karin hört zusammen mit Kerstin CDs. Sie sind unzertrennliche Freundinnen und machen in ihrer Freizeit fast alles gemeinsam. Neuerdings stibitzt Karin Zigaretten von ihrer Mutter und raucht sie heimlich auf der Terrasse, wenn Mama nachmittags beim Einkaufen ist. Davon erzählt sie ihrer Freundin Kerstin immer wieder: „Du musst es unbedingt probieren. Das schmeckt nicht schlecht und du fühlst dich wie ein Erwachsener!“ Kerstin überlegt. Eigentlich hat sie gar keine Lust, eine Zigarette zu rauchen.Sie hat in der Schule gelernt, dass Rauchen für die Gesundheit schädlich ist. Auch gefällt Kerstin nicht, dass sie beide etwas tun, was ihre Eltern nicht wissen. Deshalb zögert sie. Karin meint: „Wenn du schon meine Freundin bist, dann kannst du doch mit mir eine rauchen!“

Ich und meine Erfahrungen

(Vorstellungen von der eigenen Zukunft)

Die Schüler lernen im Rahmen des Grobziels „Ich und meine Erfahrungen" eigene Stärken und Schwächen bewusst wahrzunehmen und beachten sie bei der Planung der eigenen Schullaufbahn. Indem sie dazu vielfältige Informationen sammeln, können sie Ängste und Unsicherheiten abbauen.

Lernziel 1:
Sich der eigenen Fähigkeiten bewusst werden, um Selbstvertrauen für Neues zu entwickeln: neue Schule, neue Klassengemeinschaft, neue Anforderungen

Lehrplanvorgaben:
O Stärken, Schwächen, Interessen, Lernvoraussetzungen kennen
O Informationen von den umliegenden Schulen einholen
O Gastbesuch, „Schnuppertage", ehemalige Schüler einladen
O Zukunftsbuch, Reportage, Erinnerungsbuch gestalten

Unterrichtliche Umsetzung mit folgenden Arbeitsmaterialien (AB, Folien, Texte usw.):
1. Die Schule der Tiere
2. Sich seiner Fähigkeiten bewusst sein
3. An was erinnere ich mich gerne? - Welche Vorstellungen habe ich von der Zukunft?
4. Warum ist richtiges Lernen für die Zukunft so wichtig?
5. Lernvoraussetzungen kennen
6. Test: Überprüfe, ob du richtig lernst!
7. Lernen unter veränderten Voraussetzungen
8. Sich selbst kritisch prüfen - wie geht das?
9. Eigene Schwächen erkennen
10. Warum fällt Selbstkritik so schwer?

Lernziel 2: Sich auf nicht Planbares einstellen

Lehrplanvorgaben:
O mit Unvorhergesehenem rechnen
O mit Schwierigkeiten, Enttäuschungen und Niederlagen umgehen
O Frustrationstoleranz anbahnen, z. B. Erinnerungen an Situationen wachrufen, in denen Schwierigkeiten auftraten und bewältigt wurden
O Fehler machen dürfen, um neue Wege für sich zu finden

Unterrichtliche Umsetzung mit folgenden Arbeitsmaterialien (AB, Folien, Texte usw.):
1. Schwierigkeiten und Enttäuschungen überwinden
2. Kann man sich auf nicht Planbares einstellen?

Lernziel 3: Mit Meinungsverschiedenheiten umgehen

Lehrplanvorgaben:
O situative Anlässe
O Interaktionsspiele:
Kompromisse schließen,
Konflikte zu einem für alle Seiten akzeptablen Ergebnis führen

Unterrichtliche Umsetzung mit folgenden Arbeitsmaterialien (AB, Folien, Texte usw.):
1. Zusammenleben muss erst gelernt werden
2. Wie lassen sich Konflikte vermeiden?
3. Achtsam und höflich miteinander umgehen
4. Konflikte zu einer Lösung führen, die alle akzeptieren (Unsere 10 Goldenen Klassenregeln)

HSU	Name:	Klasse:	Datum:	Nr.

Die Schule der Tiere

Eines Tages versammelten sich ein Kaninchen, ein Vogel, ein Eichhörnchen, ein Fisch und ein Aal im Wald. Sie beschlossen eine Schule zu gründen und bildeten einen Schulrat.
Das Kaninchen forderte, dass der Schnelllauf in den Lehrplan aufgenommen werden müsse; der Vogel bestand darauf, dass das Fliegen zum Lehrplan gehöre; der Fisch meinte, Schwimmen gehöre dazu; das Eichhörnchen sagte, dass senkrechtes Bäumeklettern ein absolut notwendiger Bestandteil des Lehrplans sein müsse, und der Aal bestand auf „Löcher in die Erde bohren" als wichtigstes Fach aller wichtigen Lernfächer.
Sie nahmen alle diese Fächer in den Lehrplan auf, formulierten Lernziele und überlegten Methoden und druckten Lehrbücher und Arbeitshefte.
Schließlich erklärten sie es zur Regel, dass jedes Tier alle Fächer belegen müsse.
Obwohl das Kaninchen eine Eins im Schnelllauf bekam, stellte es sich schnell heraus, dass es mit dem "Senkrecht-auf-die-Bäume-kletten" ernsthafte Probleme hatte.
Das Eichhörnchen hingegen war im Bäumeklettern ganz und gar wahrer Weltmeister, aber schwimmen konnte es nicht.
Das wiederum beherrschte unser Fisch geradezu problemlos, er aber hatte beim Schnelllauf im Trocknen schon nach wenigen Sekunden lebensbedrohende Atemschwierigkeiten.
Der Aal allerdings löste das schulische Programm noch am besten, weil er in allen Disziplinen wenigstens Grundfähigkeiten mitbrachte. Er konnte sich auch ein bisschen außerhalb des Wassers bewegen, schwamm genauso gut wie mancher Fisch und Löcher bohren war sowieso sein Spezialgebiet.
Als der Schulrat aber einsehen musste, dass selbst dem Aal als Klassenbestem das Fliegen und Bäume klettern nie und nimmer beizubringen war, da setzte man sich zusammen und überlegte erneut.

Arbeitsaufgaben:

1. **Welche Fehler macht der Schulrat bei der Erstellung des Lehrplans?**
2. **Welchen Lehrplan würdet ihr für die „Schule der Tiere" vorsehen?**
3. **Warum müssen Grundvoraussetzungen, die alle Tiere erfüllen können, gegeben sein?**
4. **Kann man die Geschichte auch auf unser Lernen in der Schule übertragen?**
5. **Welche Fehler findest du in unserem Lehrplan-System?**
6. **Welche Verbesserungsvorschläge hast du?**
7. **Warum ist es sinnvoll, seine Stärken und Schwächen richtig einzuschätzen?**
8. **Warum kann und soll man nicht auf allen Gebieten „Bester" sein?**
9. **Diskutiert die oben stehende Überschrift! Stellt die Ergebnisse auf einem Plakat zusammen!**

HSU	Name:	Klasse:	Datum:	Nr.

Sich seiner Fähigkeiten bewusst sein

Kein Mensch ist vollkommen. Aber jeder Mensch hat besondere Fähigkeiten, die für ihn persönlich oder für andere sehr wichtig sind.

Arbeitsaufgaben:

1. Welche Interessen hast du?

____

____

2. Welche Stärken schätzen deine Freunde an dir?

____

3. Welche Stärken schätzt deine Lehrerin an dir?

____

4. Welche Stärken schätzen deine Eltern an dir?

____

5. Welche Fähigkeiten schätzt du selbst an dir?

____

Wer seine Fähigkeiten kennt und sie für sich und andere nutzt, baut Selbstvertrauen auf.

Arbeitsaufgaben:

1. Wie fühlst du dich, wenn deine Fähigkeiten von anderen geschätzt werden?

____

2. Wie fühlst du dich, wenn dir eine Aufgabe gelingt?

____

Wer Selbstvertrauen hat, kann Neues entwickeln.

Arbeitsaufgaben:

1. Welche Schule besuchst du im kommenden Jahr?

____

2. Bereitest du dich auf diese neue Schule deiner Meinung nach genügend gut vor?

____

3. Welche neuen Anforderungen kommen auf dich zu?

____

4. Was erwartest du von deiner neuen Klassengemeinschaft?

____

HSU	Name:	Klasse:	Datum:	Nr.

An was erinnere ich mich gerne?

1. Was war für mich vor einem Jahr besonders wichtig?

____

____

2. Was lernten wir in der 1. Klasse?

____

____

3. Was lernten wir in der 2. Klasse in Mathematik?

____

____

4. Welche Themen nahmen wir in HSU in der 3. Klasse durch?

____

____

5. Wie hieß unsere Lehrerin in der 1. und 2. Klasse?

____

____

Welche Vorstellungen habe ich von der Zukunft?

1. Welche Schule besuche ich nächstes Jahr?

____

____

2. Habe ich dann noch die gleichen Freunde?

____

____

3. Welche neuen Fächer bekomme ich?

____

____

4. Wie muss ich mich auf die neue Schule vorbereiten?

____

____

5. Wie kann ich mich über die neue Schule informieren?

____

____

HSU	Name:	Klasse:	Datum:	Nr.

Warum ist richtiges Lernen für die Zukunft so wichtig?

Arbeitsaufgabe:

Finde passende Sprichwörter zum Bild!

Schüler haben zum Lernen unterschiedliche Einstellungen. Zum Beispiel:

Fleiß und Freude

Nachlässigkeit / Gleichgültigkeit

Diese positive Einstellung zum Lernen bringt:

Diese negative Einstellung zum Lernen bringt:

Merke:

HSU	Name:	Klasse:	Datum:	Nr.

Lö.: Warum ist richtiges Lernen für die Zukunft so wichtig?

Arbeitsaufgabe:
Finde passende Sprichwörter zum Bild!

Übung macht den Meister!

Es ist noch kein Meister vom Himmel gefallen!

Was Hänschen nicht lernt, lernt Hans nimmermehr!

Ohne Fleiß kein Preis!

Glück hat nur der Tüchtige!

Schüler haben zum Lernen unterschiedliche Einstellungen. Zum Beispiel:

Fleiß und Freude

Nachlässigkeit / Gleichgültigkeit

Diese positive Einstellung zum Lernen bringt:

O gute Noten
O Lob
O Zufriedenheit
O Ruhe
O Gelassenheit
O ruhiges Gewissen
usw.

Diese negative Einstellung zum Lernen bringt:

O schlechte Noten
O Tadel
O Unzufriedenheit
O Unruhe
O Hektik/Stress
O schlechtes Gewissen
usw.

Merke:

Richtiges Lernen macht das Leben leichter!

HSU	Name:	Klasse:	Datum:	Nr.

Lernvoraussetzungen kennen

Arbeitsaufgabe: Fasse die Texte mit einer kurzen Aufforderung an deine Mitschüler zusammen!

Bevor du mit den Hausaufgaben in den einzelnen Fächern beginnst, solltest du überlegen, welche Arbeiten an diesem Tag zu erledigen sind. Das kann z. B. eine Sach- oder Textaufgabe sein, eine Skizze in HSU, dazu ein Kapitel aus der Sprachbetrachtung. Für diese unterschiedlichen Aufgaben benötigt man unterschiedliches "Werkzeug": Lexikon und Wörterheft, Zirkel und Winkelmesser, das Buch für Deutsch. Dies alles sollte geordnet auf dem Schreibtisch bereitliegen, bevor man mit den Hausaufgaben anfängt; denn wer mitten in einer Aufgabe nach dem Taschenrechner oder Lineal suchen muss, verliert Zeit und kommt aus dem Arbeitsrhythmus.

____

Aller Anfang ist schwer, auch bei den Hausaufgaben. Da sitzt so mancher Schüler Viertelstunde um Viertelstunde vor seinen Büchern. Aber anstatt zu arbeiten, zu rechnen, zu lesen oder zu schreiben, spielt er mit dem Lineal, zeichnet Männchen, träumt zum Fenster hinaus. Das ist verständlich; denn das Gehirn muss sich erst auf das Lernen einstellen, muss sozusagen erst warmlaufen wie ein Motor. Zum Aufwärmen empfiehlt sich Folgendes: Suche eine leichte Aufgabe heraus oder beginne mit dem Lieblingsfach. Dann fällt dir der Einstieg leicht, Leerlauf wird vermieden und die Hürden werden niedriger.

____

An manchen Tagen türmen sich die Hausaufgaben wie ein riesiger Berg. Sie erscheinen unüberwindlich, machen mutlos. Dann sollte man sich klarmachen: Auch Bergsteiger stürmen die Gipfel nicht in einem Satz. Sie arbeiten sich von Stützpunkt zu Stützpunkt, gehen etappenweise vor. Dies lässt sich auch auf die Hausaufgaben übertragen. Teile sie zu Beginn in kleine Portionen ein, die sich in jeweils 15 bis 20 Minuten erledigen lassen. Benütze zur Kontrolle anfangs einen Küchenwecker. Wenn er die Runde ausläutet, sollte die selbst gestellte Aufgabe erledigt sein.

____

Monotonie und Gleichklang schaffen Langeweile, ermüden den Geist. Abwechslung hält ihn munter. Dies ist auch bei den Hausaufgaben nicht anders. Wer daher mit einer schriftlichen Arbeit begonnen hat, sollte anschließend eine mündliche Aufgabe erledigen. Ähnlich sollte man auch mit der Reihenfolge der einzelnen Fächer verfahren. Hilfreich kann es sein, zwischen Englisch oder Deutsch Mathematikaufgaben einzubauen, Erdkunde oder Physik mit Geschichte zu unterbrechen oder umgekehrt. Merke: Je bunter die Reihenfolge beim Lernen, desto besser!

____

Auch wer konzentriert arbeitet, ertappt sich von Zeit zu Zeit dabei, dass er mit seinen Gedanken abschweift, kurz nicht bei der Sache ist. Das ist eine ganz natürliche Reaktion auf die dauernde Anspannung. Der Mensch ist schließlich keine Maschine. Die unbewussten Pausen genügen aber nicht zur Erholung des Geistes. Plane daher bewusst Pausen auch bei Hausaufgaben ein. Sie sind nötig zur Erholung, das Gehirn muss ab und zu neue Kraft tanken. Dafür sind mehrere kurze Pausen sinnvoller als eine lange. Wer nämlich seinen"Motor" zu lange abschaltet, bringt ihn nur schwer wieder auf Touren. Als Faustregel gilt: Nach jeder halben Stunde intensiven Lernens sollte man ca. 5 Minuten lang abschalten. Nach 90 Minuten ist eine längere Pause angebracht. Um dann aber auch wirklich den Geist zu entspannen, empfehlen sich kleine Bewegungsübungen, möglichst am offenen Fenster. Sie bringen den müden Kreislauf wieder in Schwung und aktivieren das Gehirn durch Sauerstoff. Das ist für konzentriertes geistiges Arbeiten eine wirksame Hilfe.

____

Dieser Leitsatz gilt besonders für das Grundwissen in allen Fächern. Nur einmaliges Lernen kann es nicht auf Dauer im Gedächtnis verankern. Vor allem in Englisch muss alter Lehrstoff immer wiederholt werden, und zwar ohne dass ihn der Lehrer eigens aufgibt. Nur dieses regelmäßige, wiederholende Lernen sichert auf die Dauer Wortschatz, Regeln und Formeln. Das Grundwissen muss dauerhaft im Gedächtnis verankert werden und wie im Schlaf abrufbereit sein. Das bringt in Prüfungen einen Zeitvorsprung für die eigentlichen Aufgaben, die zu lösen sind. ***aus: Schule & wir, April 1986 - Nr. 1***

____

HSU	Name:	Klasse:	Datum:	Nr.

Lösung: Lernvoraussetzungen kennen

Folienbild:

Aufforderungen an die Mitschüler oben in das Folien-Oval einlegen

Text 1:
Schaffe Ordnung am Arbeitsplatz!

Text 2:
Vermeide einen Kaltstart!

Text 3:
Arbeite dich in kleinen Schritten vor!

Text 4:
Abwechslung macht geistig mobil!

Text 5:
Mache Pausen mit Bewegung!

Text 6:
Wiederholung ist ganz wichtig!

HSU	Name:	Klasse:	Datum:	Nr.

Test: Überprüfe, ob du richtig lernst!

1. Kreuze „ehrlich“ an!

O Ich arbeite nur so viel wie nötig.
O Ich strenge mich sehr an.
O Schule schmeckt mir überhaupt nicht!
O Man tut, was man kann!

2. In welchen Fächern könntest du dich verbessern? Schreibe sie auf!

3. Wie müsstest du dabei vorgehen?
Schreibe fünf Punkte auf, die deine Leistungen verbessern dürften!

4. Beurteile selbst deine Arbeitshaltung, indem du „ehrlich“ deine Kreuzchen machst!

O Ich bin fleißig und zielstrebig.
O Ich trödle gern herum, bevor ich mit der Arbeit beginne.
O Ich lasse mich schnell begeistern, bin aber auch gleich wieder niedergeschlagen, wenn etwas nicht klappt.
O Ich stelle mich gern auf neue Aufgaben ein!
O Ich mache nur widerwillig Extraaufgaben.
Finde selbst zwei Aussagen über deine Arbeitshaltung!

5. Wie denken andere über deine Arbeitshaltung? (Eltern, Lehrer, Freunde)

6. Haben sie recht? Begründe!

7. Stellst du dir selbst manchmal kritische Fragen über dein Arbeitsverhalten? Nenne einige!

8. Wie oft machst du dir Gedanken über deine Arbeit?

HSU	Name:	Klasse:	Datum:	Nr.

Lernen unter veränderten Voraussetzungen

„Was habt ihr denn heute auf?" fragte ich Peter. „Nix Besonderes", war seine Antwort. „Ich will's aber genau wissen, denn ab sofort werd' ich mich weiterbilden."- „Heh?" machte er. „Ich werd' ab sofort alle Aufgaben mitmachen, die du aufbekommst in der Schule, und was ich nicht kapiere, das bringst du mir bei, klar?" - „Du hast wohl nicht alle Tassen im Schrank", krächzte er in seinem Stimmbruch. „Wieso denn das?"„Überleg doch mal", erläuterte ich. „Da spar' ich mir die Volkshochschule und was es sonst noch an Fortbildungsmöglichkeiten gibt. Mit dir zusammen hab' ich das gratis und dabei noch bequem zu Hause. Oder hast du etwas dagegen, wenn sich deine Mutter weiterbildet? Her also mit den Aufgaben." - „Diese Weiber!"

Aber er winkte mich gnädig in sein Zimmer, und bald hockten wir zusammen über seinen Hausaufgaben. - „Wahrscheinlich kapierst du überhaupt nichts", krächzte er, „aber probieren können wir's ja. Zuerst die Mathe. Was du hier vor dir siehst..." Er beschrieb und erklärte mit erstaunlich souverän-pädagogischer Geduld, und unter seinen Erläuterungen tauchte längst Verschüttetes aus meiner Schulzeit auf. „Hey", rief Peter, „du bist ja schlauer, als ich dachte!" Und auch in Englisch, in Deutsch und den übrigen Fächern heimste ich einiges Lob ein. Nur bei Latein drohte mein Meister zu verzweifeln (ich hatte kein Latein gehabt auf meiner Schule).

Doch fasste er sich schließlich in Geduld. „Das kriegen wir auch noch hin. Wär'ja noch schöner!" Täglich machte ich von nun an seine Hausaufgaben unter seiner gewiss strengen, aber doch auch wiederum behutsamen Anleitung. Manchmal rief er Friedhelm an, den Primus seiner Klasse, der sich nicht weniger über meinen Lerneifer wunderte und gern all sein geballtes Wissen kostenlos an mich weitergab, wo mein Sohn irgend etwas nicht selbst kapiert hatte. Aber bald waren solche Hilfen unnötig. Meine Kenntnisse erweiterten sich rapide, ja ich fand, vom Erfolg beflügelt, schließlich Freude und einigen Ehrgeiz bei diesem Unternehmen.

Eines Tages lud die Schule zum Elternsprechtag. Ich suchte die Lehrer meines Sohnes auf. „Eine Art Wunder ist geschehen!" rief der Mathematiklehrer. „Ihr Sohn ist der aufmerksamste Schüler geworden und ruht nicht eher, als bis er eine Sache wirklich kapiert hat! Von der ihn gefährdenden Fünf hat er sich zu einer knappen Zwei emporgearbeitet. Meine Hochachtung!"

Und seine Englischlehrerin: „Peter - seit Wochen einer meiner Besten! Sicherlich hängt das mit der Pubertät zusammen - Das findet man hin und wieder!" Selbst sein Lateinlehrer nickte mir aufmunternd zu: „Brav, brav. Seine Leistungen haben sich merklich gebessert. Er nimmt wohl tatkräftig Nachhilfe, wie?" - „Nicht er", erwiderte ich, „vielmehr ich - bei ihm." - „Wie soll ich das verstehen?" fragte er mit hochgezogenen Augenbrauen. Ich erläuterte es: „So ein armer Junge wird tagein, tagaus unterrichtet. Überall, wohin er kommt, sucht man ihn pädagogisch zu bevormunden. Er selbst hat im Grunde überhaupt nichts zu melden. Das fiel auch mir auf die Nerven, damals, als ich noch selbst zur Schule ging. Infolgedessen hab' ich den Spieß einfach umgedreht: Er darf endlich einmal das tun, was andere immer an ihm tun. Und Sie glauben nicht, wie viel Spaß ihm das macht! Und mir ebenfalls, wenn's mich auch hin und wieder schwer ankommt. Ich hab'ja noch den Haushalt am Hals. Aber Peter lernt, indem er mir beibringt, was ihm selbst häufig nicht ganz klar war. So einfach ist das. Aber verraten Sie mich nicht bei ihm. Und mit dem Geld, das wir einsparen für Nachhilfe und Fortbildung, fahren wir in Urlaub in den Ferien, um uns gründlich zu erholen. Bei diesem heutigen Schul- und Hausaufgabenstress haben wir das beide bitter nötig!" ***Irmeli Altendorf***

Arbeitsaufgaben:

1. Wie reagiert Peter auf die neue Idee seiner Mutter?
2. Wie ändert sich mit der neuen Situation sein eigenes Lernverhalten?
3. Warum profitieren beide Lernpartner von dieser Teamarbeit?
4. Welche Beobachtungen machen Peters Lehrer?
5. Wie begründet Peters Mutter die plötzliche Leistungssteigerung?

Arbeit kann Freude machen, wenn wir (Kreuze an!):

O gemeinsam an einem Strang ziehen O von einer Aufgabe begeistert sind
O enttäuscht sind O eine Arbeit konsequent durchziehen
O an ein Ziel glauben O leichtfertig über die Aufgabe hinweggehen
O in schnellst möglicher Zeit und mit geringstem Aufwand eine Aufgabe erledigen

HSU	Name:	Klasse:	Datum:	Nr.

Sich selbst kritisch prüfen - wie geht das?

1. Auf unserem Weg der Selbstfindung müssen wir über unsere eigene Person nachdenken:
O Wie schätzen wir uns selbst ein?
O Können wir unsere Stärken richtig einsetzen?
O Entfalten wir Kräfte, die in uns „schlummern“?
O Wissen wir mit unseren Schwächen angemessen umzugehen?
O Kennen wir unsere Empfindlichkeiten?
O Wissen wir, wo unsere Leistungsgrenze ist?
O Geben wir uns mit geringeren Ansprüchen zufrieden?
O Kümmern wir uns nur um uns selbst oder auch um andere?

2. Welche Begriffe passen zu obigen Fragen?
O Selbsteinschätzung O Leistungsfähigkeit O Selbstkritik O Selbstfindung
O Fremdwahrnehmung O Selbstdarstellung O Kritikfähigkeit O Freundlichkeit
O Höflichkeit

3. Stelle dich jetzt auf eine kleine Besinnungsübung ein!
1 . Versuche, still zu werden.
2. Denke an die Fähigkeiten, die du hast:
O Womit kann ich anderen von Nutzen sein?
O Womit kann ich ihr Leben reicher, froher und leichter machen?
3. Stelle dir Situationen vor,
O in denen du anderen eine Freude machen kannst
O in denen du anderen helfen kannst
O in denen du eine knifflige Aufgabe lösen konntest.
4. Überlege:
O Was tust du besonders gerne?
O Was schätzen andere an dir?
O Wo und wie siehst du deinen Platz, an dem du mithelfen kannst, eine bessere Welt zu schaffen?
O Wie hast du dich gefühlt, wenn dir etwas gelungen ist?
O Wie hast du dich gefühlt, als du gebraucht wurdest?
O Wie fühlst du dich jetzt?
O Kannst du es zulassen, gebraucht zu werden?
O Kannst du es zulassen, andern mit deinen Talenten zu dienen?
O Wie kannst du deine Gefühle über deine Fähigkeiten ausdrücken?
O Kannst du es durch Bewegung und Körpersprache?
O Kannst du es durch Farben und Formen?
O Welche Entscheidung möchtest du jetzt für dich treffen?

Arbeitsaufgaben:
Gestaltet zu jeder der sieben Aussagen unten ein Plakat, klebt Fotos dazu, zeichnet Bilder, schreibt Texte und Gedichte und stellt das Ergebnis euren Mitschülern vor!
1. Jeder Mensch hat besondere Fähigkeiten.
2. Unsere Stärken müssen wir weiter entwickeln und ausbauen, unsere Schwächen aber abbauen.
3. Kein Mensch ist vollkommen.
4. Jeder hat einen Beitrag für die Gemeinschaft zu leisten.
5. Persönliche Entfaltung darf nicht zu Lasten der anderen gehen.
6. Zwischen dem Anspruch anderer und meinen eigenen Vorstellungen gibt es Unterschiede.
7. Selbstfindung erfordert Selbstkritik!

HSU	Name:	Klasse:	Datum:	Nr.

Eigene Schwächen erkennen

Arbeitsaufgabe: Lies folgende Aussagen und besprich dich mit deinem Partner!

Manuela:
„In unserer 4a gefällt uns der Deutsch-Unterricht überhaupt nicht. Das sagen alle. Der Stoff ist langweilig und unser Lehrer bringt auch wenig Dampf in die deutsche Grammatik. Wozu brauchen wir Rechtschreiben und Aufsatz, wenn das heute doch der Computer viel besser kann.
Statt Lesen sehe ich lieber fern!"

Horst:
„Ich kann mich sehr schlecht konzentrieren. Besonders schwer fällt mir das Aufsatzschreiben. Da muss ich zuerst eine Stoffsammlung machen und überlegen, was ich alles zum Thema brauchen kann. Das erfordert viel Zeit. Dann mache ich mir eine Gliederung. Bis die endlich steht! Manchmal frage ich meine Mutti, ob sie mir beim Entwurf hilft. Ohne Wörterbuch schreibe ich nie einen Aufsatz, denn ich kann damit viele Rechtschreibfehler verhindern und den Stil verbessern."

Ein Vater:
„Warum lernen heute junge Leute so wenig Rechnen und Rechtschrift, Lesen und Aufsatz. Kaum einer kann einen logischen Satz schreiben und Kopfrechnen können die allerwenigsten. Bei uns im Betrieb klagen die Ausbilder, dass die Azubis darüber hinaus wenig Lust und dafür mehr Frust an den Tag legen bei ihrer beruflichen Ausbildung."

Benno:
„Wenn mich meine Schwester kritisiert, bekomme ich Wut und werde aggressiv. In der Klasse bin ich der „King" und alle anderen tanzen nach meiner Pfeife. Das wäre ja noch schöner, wenn ich mir zuhause und noch dazu von einem „Weib" etwas sagen ließe. Wenn Claudia noch einmal motzt, gibt's Saures."

Theo:
„Vielleicht springt bald der Titel „Stadtmeister" für mich heraus. Jedenfalls trainiere ich schon zwei Jahre wie ein Besessener. Aber ich weiß: Meine Sprungtechnik kann noch verbessert werden, auch die Muskelkraft kann ich noch steigern. Wenn ich statt Fernsehen wöchentlich noch öfter trainiere, kann ich gewinnen. Aber ohne Verzicht und mehr Anstrengung geht es nicht. Vielleicht lohnt sich der Fleiß. Diesmal will ich es jedenfalls wissen. Hochsprungmeister wäre mein Traumziel."

Christian:
„Bei mir geht ohne Planung gar nichts. Wenn eine Arbeit klappen soll, dann braucht man System. a, b, c, d - alles geht mit Logik - Ihr versteht schon, oder? Aber auch ein Schuss Selbstkritik gehört dazu. Nobody is perfect! Aber nicht bei mir!"

Arbeitsaufgaben:

1. Wie denken die einzelnen Personen über sich und ihre Arbeit?
2. Kannst du Unterschiede feststellen?
3. In welche zwei Gruppen würdest du die Aussagen einteilen?
4. Wie beurteilst du die Aussagen?
5. Welche Meinung findest du gut? Warum findest du sie gut?
6. Welche Aussagen finden nicht deine Zustimmung? Warum?
7. Wie denkst du über dich und deine Arbeit? Verfasse dazu eine kurze Stellungnahme und besprich sie mit deinem Partner!
8. Vergleicht eure Ansichten und diskutiert darüber!

HSU	Name:	Klasse:	Datum:	Nr.

Eigene Schwächen erkennen ist schwer

1. Beurteile die Aussagen und kreuze richtig an!

Manuela

O ist selbstkritisch O sagt, was andere sagen O hat Vorurteile O weiß das Gesagte zu begründen

Horst

O ist selbstkritisch O denkt über seine Arbeit nach O schätzt sein Können realistisch ein
O hat kein planvolles Vorgehen bei der Arbeit

der Vater

O denkt über seine Arbeit nach O prüft kritisch das Gesagte O beurteilt die Jugend pauschal
O sagt, was andere sagen

Benno

O tut, was er will O kümmert sich wenig um andere O sagt, was er will O übt Selbstkritik

Theo

O steckt sich erreichbare Ziele O kennt den Zeitaufwand für sein Ziel
O weiß, wie er seine Leistung verbessern kann O übertreibt erheblich die Trainingsarbeit

Christian

O übertreibt mit seiner Ansicht O überprüft sich selbst wie ein Computer
O kennt nur Gegensätze O lässt den Arbeitsstil anderer gerne gelten

2. Welche Tipps würdest du Manuela, Horst, Vater, Benno, Theo und Christian geben?
3. Welchen Aussagen kannst du zustimmen, welche lehnst du ab?
Begründe deine Auswahl! (Bitte auf Block!)
4. Selbstkritik - wie denkst du über diesen Begriff?
5. Überprüfe dein eigenes Arbeitsverhalten am Beispiel der Hausaufgaben:
- Machst du sie immer?
- Wenn nein, welche Ausreden findest du für dich, für die Eltern, für den Lehrer?
- Gibst du schnell auf, wenn einmal eine Aufgabe zu schwer ist?
- Bemühst du dich immer um eine saubere äußere Form?
- Überprüfst du stets das Arbeitstempo, die Zeit?
- Kennst du Möglichkeiten, die Situation zu verbessern?

Die Symbolbilder mit der Waage helfen dir, die Fallbeispiele einzuordnen:

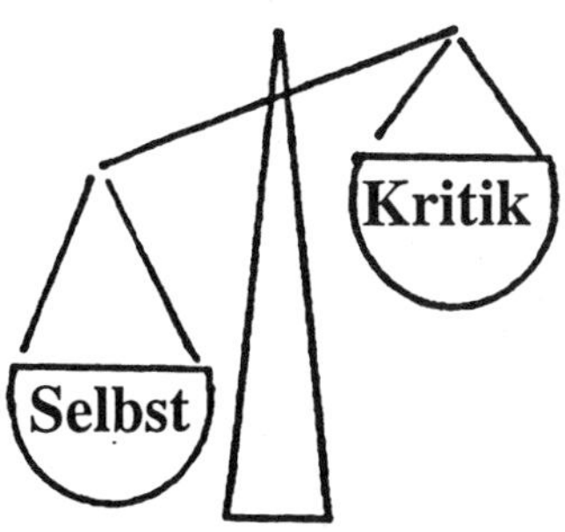

Benno und Christian

Horst und Theo

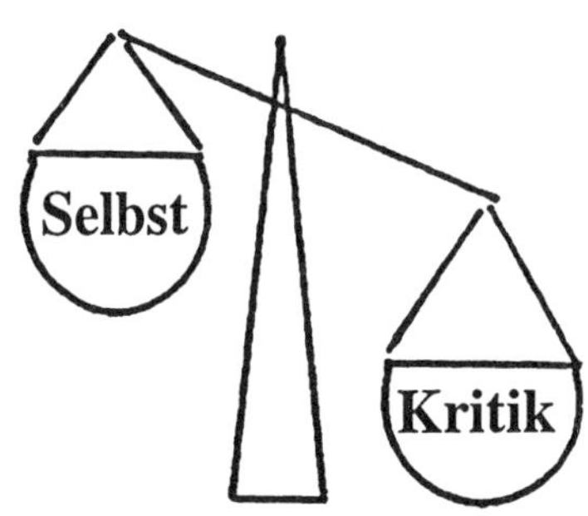

Manuela und Vater

Merke:

HSU	Name:	Klasse:	Datum:	Nr.

Lösung: Eigene Schwächen erkennen ist schwer

1. Beurteile die Aussagen und kreuze richtig an!

Manuela

O ist selbstkritisch **X sagt, was andere sagen** **X hat Vorurteile**

O weiß das Gesagte zu begründen

Horst

X ist selbstkritisch O denkt über seine Arbeit nach **X schätzt sein Können realistisch ein**

O hat kein planvolles Vorgehen bei der Arbeit

der Vater

O denkt über seine Arbeit nach O prüft kritisch das Gesagte **X beurteilt die Jugend pauschal**

X sagt, was andere sagen

Benno

X tut, was er will **X kümmert sich wenig um andere** O sagt, was er will O übt Selbstkritik

Theo

X steckt sich erreichbare Ziele **X kennt den Zeitaufwand für sein Ziel**

X weiß, wie er seine Leistung verbessern kann O übertreibt erheblich die Trainingsarbeit

Christian

X übertreibt mit seiner Ansicht **X überprüft sich selbst wie ein Computer**

X kennt nur Gegensätze O lässt den Arbeitsstil anderer gerne gelten

2. Welche Tipps würdest du Manuela, Horst, Vater, Benno, Theo und Christian geben?

3. Welchen Aussagen kannst du zustimmen, welche lehnst du ab?
Begründe deine Auswahl! (Bitte auf Block!)

4. Selbstkritik - wie denkst du über diesen Begriff?

5. Überprüfe dein eigenes Arbeitsverhalten am Beispiel der Hausaufgaben:
- Machst du sie immer?
- Wenn nein, welche Ausreden findest du für dich, für die Eltern, für den Lehrer?
- Gibst du schnell auf, wenn einmal eine Aufgabe zu schwer ist?
- Bemühst du dich immer um eine saubere äußere Form?
- Überprüfst du stets das Arbeitstempo, die Zeit?
- Kennst du Möglichkeiten, die Situation zu verbessern?

Die Symbolbilder mit der Waage helfen dir, die Fallbeispiele einzuordnen:

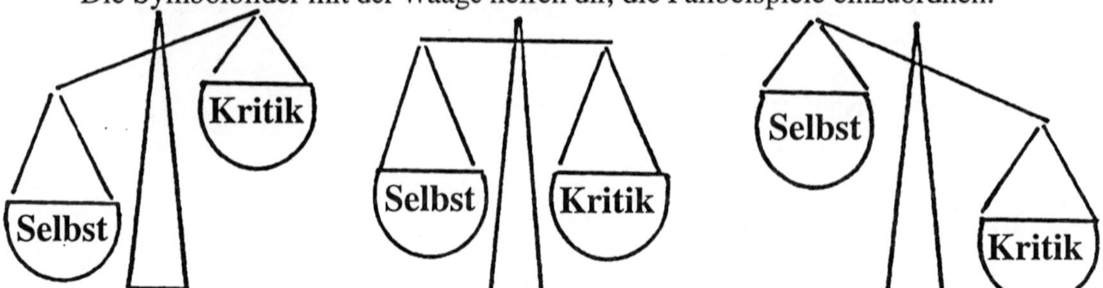

Benno und Christian	**Horst und Theo**	**Manuela und Vater**
O ***lassen nur sich selbst gelten***	**O** ***schätzen ihre Leistung richtig ein***	**O** ***sagen, was andere sagen***
O ***glauben, alles richtig zu machen***	**O** ***denken über sich nach***	**O** ***haben Vorurteile***

Merke:

Selbstkritisch sein bedeutet:

O sich selbst kritisch prüfen, sich richtig einschätzen, Vorurteile überprüfen!

HSU	Name:	Klasse:	Datum:	Nr.

Warum fällt Selbstkritik so schwer?

Wenn wir unsere eigene Arbeit richtig überprüfen wollen, müssen wir uns acht Fragen stellen:

1. ______

2. ______

3. ______

4. ______

5. ______

6. ______

7. ______

8. ______

sich selbst kritisch prüfen erfordert

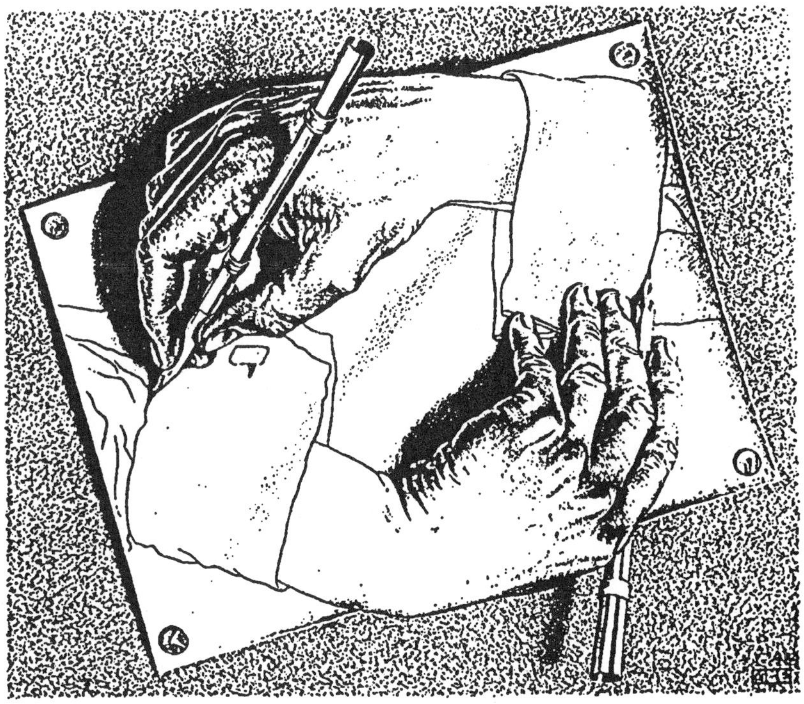

Graphik von M.C. Escher

Übrigens:

______

______

______

HSU	Name:	Klasse:	Datum:	Nr.

Lösung: Warum fällt Selbstkritik so schwer?

Wenn wir unsere eigene Arbeit richtig überprüfen wollen, müssen wir uns acht Fragen stellen:

1. Ist mein Ziel realistisch und überhaupt erreichbar?

2. Was kann ich? Wozu bin ich fähig?

3. Kann ich sinnvoll planen?

4. Kann ich mein Vorgehen begründen?

5. Ist der Zeitplan zu erfüllen?

6. Bin ich mit der Ausführung zufrieden?

7. Habe ich mein Ziel erreicht?

8. Wie kann ich mich verbessern?

Aufrichtigkeit
Wahrheit
Ehrlichkeit

sich selbst kritisch prüfen erfordert

Vernunft
Besonnenheit
Selbsteinschätzung

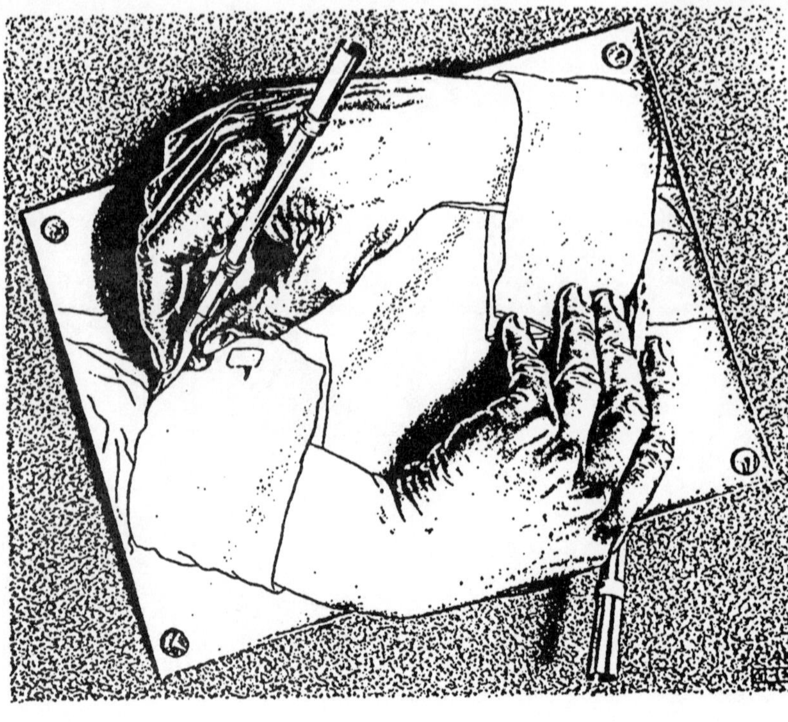

Graphik von M.C. Escher

Übrigens:

Wir kommen bald in die Pubertät, eine schwierige Lebensphase.
Dabei fragen wir uns oft?
Wie sehe ich mich? Wie sehen mich die anderen? Kann ich mich so annehmen, wie ich bin? Warum lehnen mich andere ab? usw.

HSU	Name:	Klasse:	Datum:	Nr.

Schwierigkeiten und Enttäuschungen überwinden

Nadja saß in ihrem Zimmer und starrte hinaus auf die dicken, nassen Schneeflocken, die unablässig vom Himmel fielen. Heute ging das alte Jahr zu Ende, und irgendwie war ihr seltsam traurig zumute. Sie dachte zurück an das Weihnachtsfest, das erste im neuen Haus. Ja doch, schön war es gewesen mit dem riesigen Tannenbaum, für den in der alten Mietwohnung nie Platz gewesen war und den sie sich alle immer gewünscht hatten. Und auch die Geschenke hatten alle bisherigen weit übertroffen, fand Nadja. Den CD-Player, den sie sich so sehr gewünscht hatte, hatte sie tatsächlich bekommen, aber richtig daran gefreut hatte sie sich komischerweise nicht. Nadia seufzte. Früher, in der alten Wohnung, hatte sie oft ganze Nachmittage mit Mama zusammen Platten gehört, auch die alten aus Mamas und Papas "jungen Jahren", von denen Mama dann immer so gern erzählte. Nein, sie war auch nicht traurig, weil sie vielleicht keine Freundinnen hätte - sie waren ja nur innerhalb des Ortes umgezogen, da hatte sich nichts geändert. Gleich nach dem Umzug waren sie alle gekommen, waren durchs Haus gestürmt und hatten Nadjas funkelnagelneues Zimmer bewundert- die kleine Couch, den Schreibtisch und die hübschen bunten Rollos. Oh ja, beneidet hatten sie sie um das schöne neue Zuhause. Dann waren sie nach Hause gelaufen, und Nadja war wieder allein. Denn Mama kam jetzt immer erst um viertel vor sieben nach Hause, seit sie im Supermarkt arbeitete. Das hatte sie früher nie getan,solange Nadja zurückdenken konnte. Bei Papa war es nicht viel anders: der machte jetzt oft Überstunden und kam noch viel später heim.Und wenn Nadja dann mal mit ihnen reden oder spielen wollte, machte Mama gerade Hausarbeit, und Papa klopfte und hämmerte im Keller, an der Garage oder sonstwo herum, weil noch nicht alles fertig war. Nadja hörte ihre Mutter heimkommen; ihre eiligen Schritte hallten im Treppenhaus wider. Ein paarmal lief sie so hin und her, etwas Schweres polterte, Tüten raschelten, die Kühlschranktür ging auf und wieder zu. „Nadja!" rief Mama jetzt. „Nadja, wo steckst du? Willst du nicht mal herkommen und mir helfen?" Missmutig schlenderte Nadja die Treppe hinunter. „Komm, Kind, fass mal mit an, ich bin wirklich erledigt." Mama stapelte Konservendosen, Flaschen und Pakete auf den Küchentisch. Als Nadja den Eierkarton aus der Einkaufstüte nahm, rutschte er ihr aus der Hand und krachte zu Boden. „Um Himmels Willen, kannst du nicht aufpassen?" Mama bückte sich und öffnete den Deckel. Tatsächlich, 4 Eier waren zerbrochen. „Das darf doch nicht wahr sein!"' Mama war ganz außer sich. „Zu was bist du überhaupt zu gebrauchen? Nicht einmal den Frühstückstisch hast du abgeräumt! Als wenn ich nicht auch mal eine kleine Pause verdient hätte, wenn ich von der Arbeit komme - wo wir doch heute abend ausgehen wollen!" „Dann geh doch nicht arbeiten, wenn du's nicht aushältst!" rief Nadja wütend. Mama ließ sich seufzend auf einen Stuhl nieder. Blass und müde sah sie aus, als sie so dasaß. Sie ergriff ihre Tochter an beiden Armen und zog sie zu sich heran. „Du weißt doch, dass ich arbeiten muss", sagte sie eindringlich. „Das Haus hat viel, viel Geld gekostet - und es ist doch schön hier, oder?" Nadja schüttelte heftig den Kopf „Mir gefällt's hier überhaupt nicht mehr!" rief sie aus, und Tränen stiegen ihr in die Augen. „Ich hasse es, dieses blöde Haus! Früher war alles viel, viel schöner!" „Aber du hast dich doch auch auf das Haus gefreut", sagte Mama erstaunt. „Dein hübsches Zimmer, der Garten. .." „Was hab' ich denn davon? Immer rennst du in deinen dämlichen Supermarkt, Papa ist dauernd im Büro oder hämmert hier rum - ich bin doch bloß noch Luft für euch! Euch interessiert doch bloß noch das Haus!" Jetzt heulte Nadja wirklich, als sie Mamas trauriges Gesicht sah. „Das ist nicht fair, Nadja", sagte Mama leise. „Wir haben das alles doch auch für dich getan!" Sie strich Nadja mit der Hand übers Haar. „Weine nicht mehr, Nadsch. Du hast ja nicht ganz unrecht mit dem, was du sagst. Aber manche Dinge lassen sich nun mal jetzt nicht mehr ändern, das weißt du." Nadja nickte stumm. „Morgen ist Neujahr", fuhr ihre Mutter fort. Wäre das nicht eine gute Gelegenheit, mal darüber nachzudenken, was wir alle zusammen in Zukunft besser machen könnten - vor allem aber auch du?" Nadja nickte wieder und gab Mama einen Kuss. Nachdem sie gemeinsam den Einkauf weggeräumt hatten, ging Nadja auf ihr Zimmer, nahm ein leeres Blatt aus der Schreibtischschublade und schrieb ganz groß „Vorsätze für 2003" darauf. Dann dachte sie nach. . .

Regina Smura-Neuhaus, in: Weite Welt, Steyler Presse

Arbeitsaufgaben:

1. Warum kann sich Nadja auf die unvorhergesehenen Schwierigkeiten noch nicht einstellen?
2. Warum ist sie so sehr enttäuscht?
3. Wie kann sich Nadja auf die neue Situation besser einstellen? Gib ihr Ratschläge!
4. Wie können Nadja und ihre Eltern zusammen mehr Freude am neuen Haus haben?
5. Warum ist das Miteinander leben nicht immer so einfach?
6. Warum erfordert Zusammenleben stets Kompromissbereitschaft?

HSU	Name:	Klasse:	Datum:	Nr.

Kann man sich auf nicht Planbares einstellen?

Folgende kleine Geschichten erzählen dir, was mit obiger Überschrift gemeint ist:

Geschichte 1:

Matthias hat seine Oma sehr gern. Bis vor kurzem konnte er ihr bei jeder Gelegenheit sein Herz ausschütten. Wenn er schlechte Noten hatte, konnte er sein Missgeschick der Oma eher beichten als seinen Eltern. Oft steckte sie ihm ein paar Euro als zusätzliches Taschengeld zu und manch süßer Leckerbissen wartete in der Wohnzimmervitrine auf ihn. Doch seit zwei Tagen geht es Oma gesundheitlich sehr schlecht. Der Arzt sprach schon von Krankenhauseinweisung. Immerhin ist Oma schon 79 Jahre alt. Vor dem Einschlafen hat Matthias dunkle Gedanken. Plötzlich fürchtet er, dass Oma bald sterben könnte. Er schluckt ....

Geschichte 2:

Heinz ist mit Leib und Seele Fußballspieler. In der E-Jugendmannschaft hat er bereits als Mittelstürmer 18 Tore geschossen. Nach 12 Spielen hat seine Mannschaft nur ein Unentschieden auswärts einstecken müssen. Klar, dass alle von der Meisterschaft sprechen. Doch gestern bekamen die Siegerträume einen argen Dämpfer. Mit einem überheblichen Gekicke gegen den Tabellenvorletzten gab es eine empfindliche 1:2-Niederlage. Heinz beschimpfte die Abwehr, weil sie zwei Gegentore zuließ. Die Abwehrspieler warfen Heinz vor, er hätte nur ein paar Tore mehr schießen müssen. Heinz polterte los: „Wenn ich aus dem Mittelfeld keine Bälle bekomme, wie soll ich da überhaupt Chancen haben?“ Schon war ein wilder Streit entbrannt. Glücklicherweise kam der Trainer in die Kabine: „Hört mal Jungs, eine Niederlage ist kein Weltuntergang. Aber so ....”

Geschichte 3:

Vera ist nicht gut im Rechtschreiben. Auch wenn sie ihre Nachschriften noch so gut vorbereitet, mehr als die Note 4 kommt dabei nie heraus. Oft klagt sie der Mama ihr Leid. Eines Tages nimmt Mama Vera zur Seite und sagt: „Weißt du Vera, Papa und ich machen dir keine Vorwürfe wegen deiner schlechten Rechtschreibung. Ich selbst war in der Schule auch Legasthenikerin. Ich habe furchtbar viele Fehler gemacht. Aber man darf nicht aufgeben. Wir gehen zu deiner Lehrerin und melden dich für den Förderkurs an. Auch Frau Ettmüller, die Therapeutin kann helfen. Ich habe für dich schon einen Termin reservieren lassen. Und wenn wir am Samstag in die Stadt fahren, informieren wir uns in der Buchhandlung, welche speziellen Übungshefte wir kaufen können.“ Vera ist stolz auf ihre Mutti, weil sie merkt, dass sie ihr helfen will. „Klar Mami!“, meint Vera, „gemeinsam packen wir das, auch wenn es ein steiniger Weg wird ...“

Geschichte 4:

Sabine hatte heuer überhaupt keine Lust zu lernen. Dementsprechend waren die Noten im Zwischenzeugnis ausgefallen. Dreimal die Note 5, und das in den Hauptfächern! Die Eltern schimpften, redeten Sabine ins Gewissen, mehr zu tun, boten aber auch ihre Mithilfe an. Sabines Leistungen wurden aber nicht besser, ganz im Gegenteil. Kurz vor den Sommerferien kam der blaue Brief der Schule, in dem stand, dass Sabine das Klassenziel nicht erreicht hat. Sabine muss die Klasse wiederholen. Sabine wird nachdenklich: „Ich bin ja mit meiner Freundin Sonja nächstes Jahr nicht mehr in der gleichen Klasse! Ob meine Mitschüler mich auslachen? Kann ich später überhaupt meinen Abschluss machen, wenn ich durchfalle?“ Viele Gedanken gehen ihr durch den Kopf und allmählich sieht sie ein, dass ihre Faulheit ein großer Fehler war. Als ihre Eltern mit ihr reden, meint sie: „Entschuldigt, ich hätte mich viel mehr anstrengen müssen. Ich verspreche euch ...“ Vater wendet ein: „Du brauchst nicht weiterreden. Wenn du einsiehst, dass du einen Fehler gemacht hast, ist es o.k. Aus Fehlern kannst du lernen. Strenge dich deshalb nächstes Jahr an, wir helfen dir dabei.“

Arbeitsaufgaben:

1. ***Matthias muss mit etwas Unvorhergesehenem, nämlich mit dem Tod seiner Oma, rechnen. Wie würdest du mit ihm reden? Kannst du ihn trösten? Wie soll er mit seinen Eltern darüber reden?***
2. ***Heinz und seine Mannschaftskollegen können mit der Niederlage nicht umgehen. Wenn du Trainer wärst, was würdest du den Fußballspielern sagen? Wie sollte Heinz auf die Niederlage reagieren?***
3. ***Vera und ihre Mutter wissen, dass ihre Rechtschreibleistungen nur schwer zu verbessern sind. Wie denkst du über das Gespräch, das die beiden führen?***
4. ***Sabines Eltern lassen ihr sogar einen großen Fehler machen, damit Sabine lernt, dass Faulheit und Gleichgültigkeit in der Schule und im Leben nicht weiterhelfen. Wie beurteilst du dieses Verhalten?***

HSU	Name:	Klasse:	Datum:	Nr.

Zusammenleben muss erst gelernt werden

Folgende sechs Fallbeispiele zeigen euch, dass es im menschlichen Zusammenleben nicht immer reibungslos zugeht. Aus den unterschiedlichsten Gründen können Konflikte entstehen.

Arbeitsaufgaben:

1. Nennt Gründe, warum es in den Fallbeispielen zu Konflikten kommt! Schreibt sie rechts neben den Text!

2. Formuliert unten einen passenden Merksatz, der zu allen Fallbeispielen passt!

Fall 1: No smoking!
Janine (12) und Claudia (13) werden von Papa beim Rauchen erwischt. Vater schimpft: „Und das in aller Öffentlichkeit! Schon einmal etwas vom Jugendschutzgesetz gehört?"

Fall 2: Der Typ geht mir auf den Wecker!
Lehrer L. ist ein junger Lehrer. „Aber seine Unterrichtsmethoden sind alt", meint Tom. „Dieses ewige Reden und seine langweiligen Geschichten. Ständig kommt er mit ausgelatschten Schuhen und schmutzigen Anzügen daher!"

Fall 3: Bleib cool, Karl!
Wenn Karl Kummer hat, geht er hoch wie eine Rakete. Die Klasse weiß das. Dann geht sie ihm lieber aus dem Weg! Achtung, Hochspannung!

Fall 4: Klassenführung
Fred ist neu in der Klasse. So schnell wie möglich will er die Nummer 1 sein! Doch Benno ist da anderer Meinung. Ein paar Tage später kommt es zu einer Auseinandersetzung.

Fall 5: Himmelhoch jauchzend - zu Tode betrübt
Manchmal verliert Michi ihr Gleichgewicht. Dann reagiert sie verschieden: Entweder Weinkrampf oder Schmollwinkel; Kicherstunde oder Totaldefensive. Wenn sie nur wüsste, warum sie so ist!

Fall 6: Geschmackssache
„Noch nie was vom Madonna-Look gehört, Pappi?", fragt Manuela. Doch da sieht der Herr Papa rot: „Du kannst doch nicht mit nacktem Nabel auf der Straße herumlaufen! Was sagen da bloß die Nachbarn!"

Übrigens: ______________________________

HSU	Name:	Klasse:	Datum:	Nr.

Lösung: Zusammenleben muss erst gelernt werden

Folgende sechs Fallbeispiele zeigen euch, dass es im menschlichen Zusammenleben nicht immer reibungslos zugeht. Aus den unterschiedlichsten Gründen können Konflikte entstehen.

Arbeitsaufgaben:

1. Nennt Gründe, warum es in den Fallbeispielen zu Konflikten kommt! Schreibt sie rechts neben den Text!

2. Formuliert unten einen passenden Merksatz, der zu allen Fallbeispielen passt!

Fall 1: No smoking!

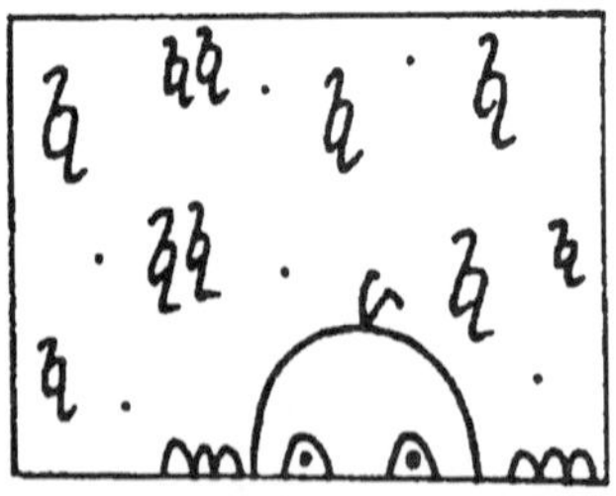

Vorschläge:
O Gesetz schützt die Gesundheit
O Rauchen gefährdet Gesundheit
O Rauchen nicht erlaubt!
O Vater fühlt sich verantwortlich
O aber: Überreaktion des Vaters

Fall 2: Der Typ geht mir auf den Wecker!

O Lehrer zeigt eigenwilliges Outfit
O Lehrer zeigt individuelle U-Methode
O Tom zeigt Abneigung gegen L, weil ihm die U-Methode und die Kleidung missfallen

Fall 3: Bleib cool, Karl!

O Karl ist seelisch unausgeglichen
O Er zeigt Überreaktionen
O Nicht jeder in der Klasse mag das

Fall 4: Klassenführung

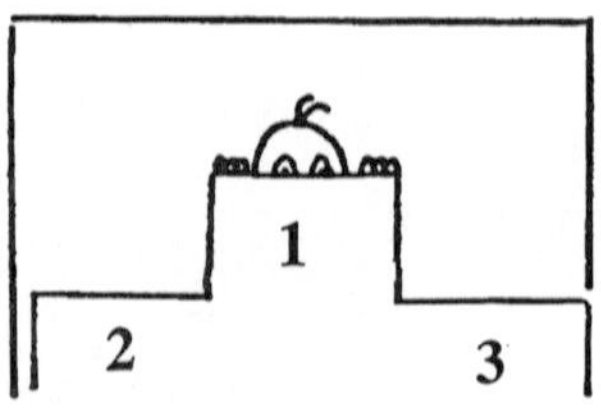

O Fred ordnet sich nicht unter
O Benno ist bereits die Nr. 1
O Benno vermittelt als Klassensprecher

Fall 5: Himmelhoch jauchzend - zu Tode betrübt

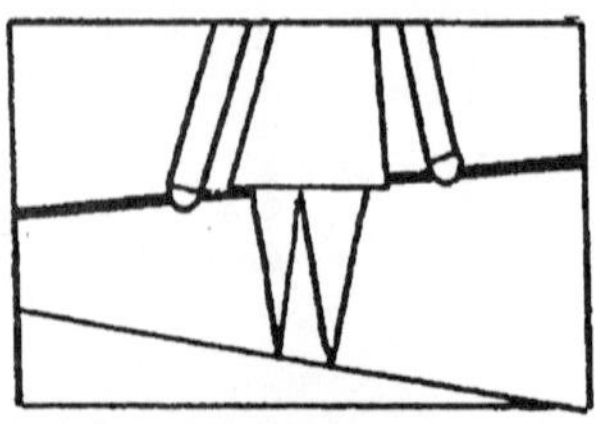

O Stimmungsschwankungen sind typisch für die Jugendzeit
O Michi ist sehr unausgeglichen
O Keiner weiß, wie man Michi in solchen Situationen begegnen soll

Fall 6: Geschmackssache

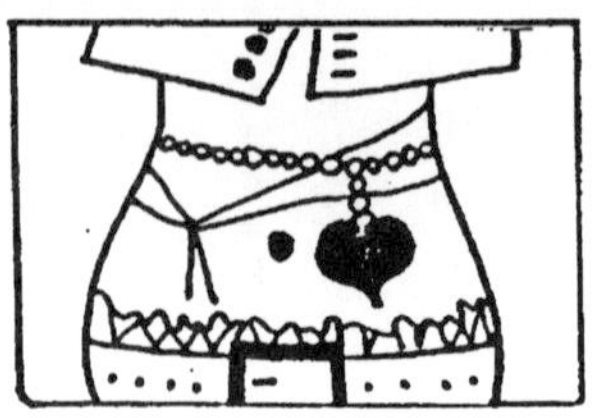

O Vater hat andere Vorstellungen
O Generationenkonflikt
O Manuela hat andere Erwartungen, Gefühle, Werte, Vorstellungen

Übrigens: *Unterschiedliche Erwartungen, Empfindungen und Erfahrungen, Gefühle, Weltanschauungen und Wertvorstellungen sind Ursachen für Konflikte.*

HSU	Name:	Klasse:	Datum:	Nr.

Wie lassen sich Konflikte vermeiden?

Ihr habt nun die sechs Fallbeispiele besprochen und Gründe gefunden, warum Konflikte entstehen können.

Arbeitsaufgaben:

1. Gebt Ratschläge, wie die Konflikte in den Fallbeispielen gelöst werden könnten!

2. Formuliert unten einen passenden Marksatz!

Fall 1: No smoking!

Janine (12) und Claudia (13) werden von Papa beim Rauchen erwischt. Vater schimpft: „Und das in aller Öffentlichkeit! Schon einmal etwas vom Jugendschutzgesetz gehört?"

Fall 2: Der Typ geht mir auf den Wecker!

Lehrer L. ist ein junger Lehrer. „Aber seine Unterrichtsmethoden sind alt", meint Tom. „Dieses ewige Reden und seine langweiligen Geschichten. Ständig kommt er mit ausgelatschten Schuhen und schmutzigen Anzügen daher!"

Fall 3: Bleib cool, Karl!

Wenn Karl Kummer hat, geht er hoch wie eine Rakete. Die Klasse weiß das. Dann geht sie ihm lieber aus dem Weg! Achtung, Hochspannung!

Fall 4: Klassenführung

Fred ist neu in der Klasse. So schnell wie möglich will er die Nummer 1 sein! Doch Benno ist da anderer Meinung. Ein paar Tage später kommt es zu einer Auseinandersetzung.

Fall 5: Himmelhoch jauchzend - zu Tode betrübt

Manchmal verliert Michi ihr Gleichgewicht. Dann reagiert sie verschieden: Entweder Weinkrampf oder Schmollwinkel; Kicherstunde oder Totaldefensive. Wenn sie nur wüsste, warum sie so ist!

Fall 6: Geschmackssache

„Noch nie was vom Madonna-Look gehört, Pappi?", fragt Manuela. Doch da sieht der Herr Papa rot: „Du kannst doch nicht mit nacktem Nabel auf der Straße herumlaufen! Was sagen da bloß die Nachbarn!"

Übrigens:

HSU	Name:	Klasse:	Datum:	Nr.

Lösung: Wie lassen sich Konflikte vermeiden?

Ihr habt nun die sechs Fallbeispiele besprochen und Gründe gefunden, warum Konflikte entstehen können.

Arbeitsaufgaben:

1. Gebt Ratschläge, wie die Konflikte in den Fallbeispielen gelöst werden könnten!

2. Formuliert unten einen passenden Marksatz!

Fall 1: No smoking!

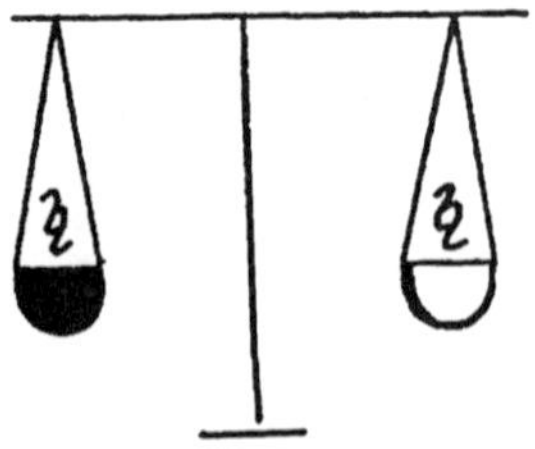

Vorschläge:

O Papa und die Mädchen sollten sachlich argumentieren und die Standpunkte des anderen anhören

Fall 2: Der Typ geht mir auf den Wecker!

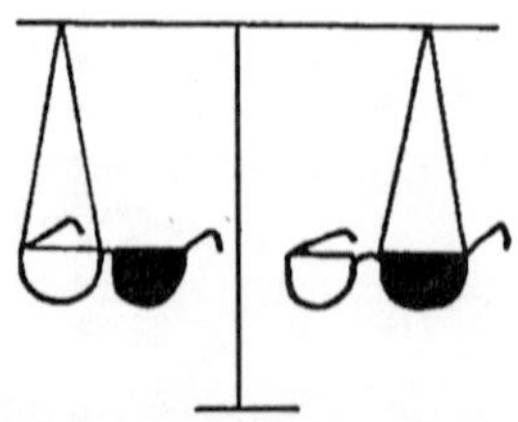

O Tom sollte die äußeren Formen des Umgangs wahren, Eigenheiten anderer tolerieren und die Höflichkeitsformen achten

Fall 3: Bleib cool, Karl!

O Karl und die Klasse sollten aufeinander zugehen und miteinander über das Problem sprechen

Fall 4: Klassenführung

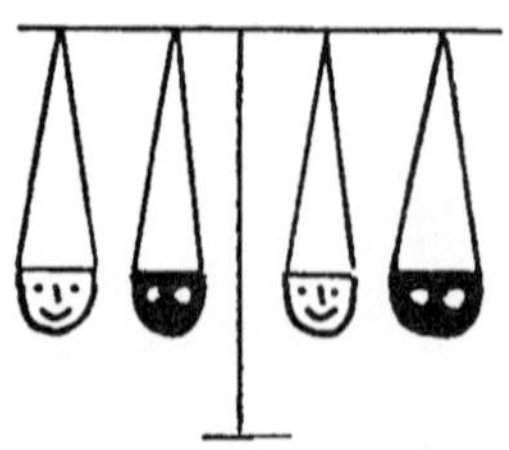

O Fred sollte einsehen, dass jeder gleich viel wert ist und die Klassensituation beachten

Fall 5: Himmelhoch jauchzend - zu Tode betrübt

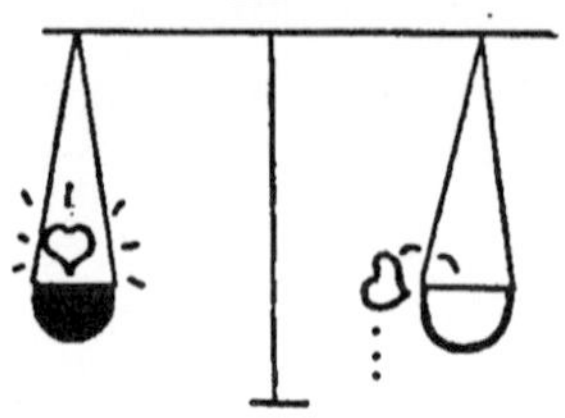

O Michi sollte nicht alles überbewerten, nicht übereilt reagieren. Manchmal hilft Humor oder ein Gedankenaustausch mit Freunden

Fall 6: Geschmackssache

O Manuela sollte sich in die Lage des Vaters versetzen. Ebenso sollte der Vater Manuelas Modewünsche berücksichtigen.

Übrigens: *Konflikte lassen sich leichter lösen, wenn jeder gesprächs- und versöhnungsbereit ist. Verständnis baut Vertrauen auf.*

HSU	Name:	Klasse:	Datum:	Nr.

Achtsam miteinander umgehen

Folienbilder zu den sechs Fallbesispielen:

So können Konflikte entstehen	So können Konflikte gelöst werden

Fall 1: No smoking!
Janine (12) und Claudia (13) wollen sich erwachsen zeigen. Vater sieht nur die Gesetzesparagraphen.

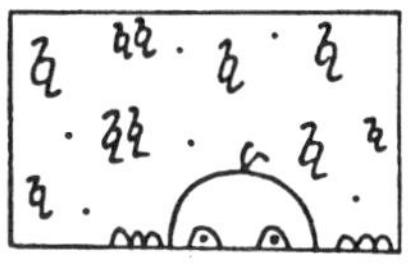

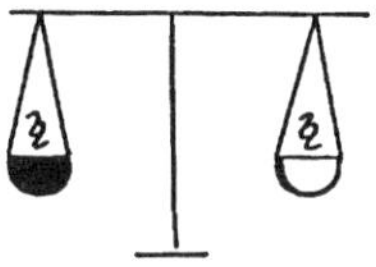

Papa und die Mädchen sollten sachlich argumentieren und die Standpunkte des anderen anhören

Fall 2: Der Typ geht mir auf den Wecker!
Lehrer L. ist äußerlich ein eigenwilliger Lehrer. Tom mag diese Eigenheiten nicht.

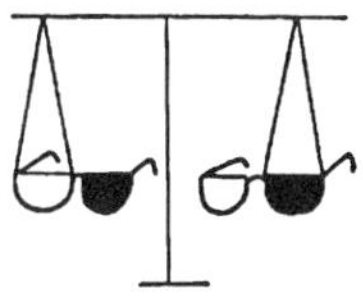

Tom sollte die äußeren Formen des Umgangs wahren, Eigenheiten anderer tolerieren und die Höflichkeitsformen achten

Fall 3: Bleib cool, Karl!
Karl reagiert aufbrausend und unwirsch. Die Klasse kann sich kaum auf ihn einstellen.

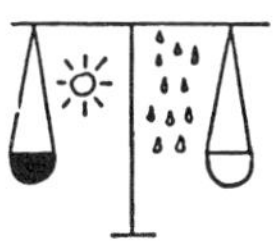

Karl und die Klasse sollten aufeinander zugehen und miteinander über das Problem sprechen

Fall 4: Klassenführung
Fred akzeptiert die Rangliste innerhalb der Klasse nicht. Benno verteidigt seine Führungsrolle.

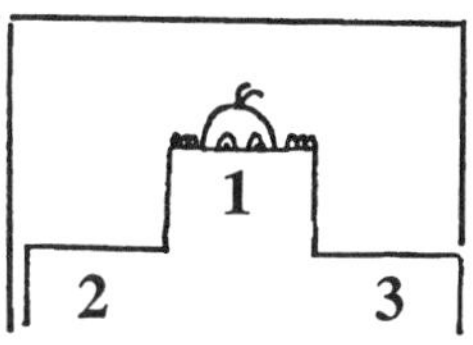

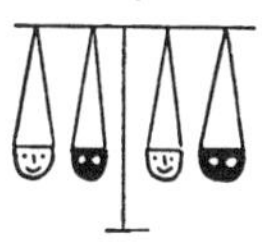

Fred sollte einsehen, dass jeder gleich viel wert ist und die Klassensituation beachten

Fall 5: Himmelhoch jauchzend - zu Tode betrübt
Michis Stimmung schwankt ständig. Ihre Freundinnen wissen nicht, wie sie mit ihr umgehen sollen.

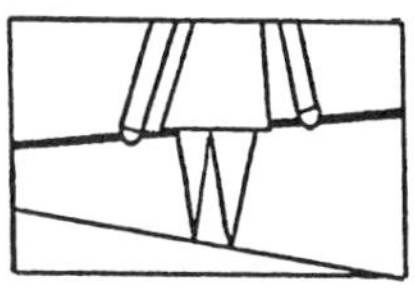

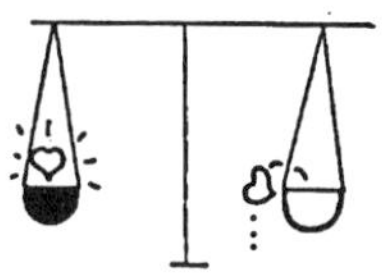

Michi sollte nicht alles überbewerten, nicht übereilt reagieren. Manchmal hilft Humor oder ein Gedankenaustausch mit Freunden

Fall 6: Geschmackssache
Manuelas Vorstellungen sind anders als Papas Erwartungen.

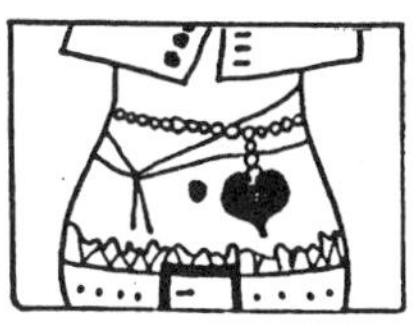

Manuela sollte sich in die Lage des Vaters versetzen. ebenso sollte der Vater Manuelas Modewünsche berücksichtigen.

Unterschiedliche Erwartungen, Empfindungen und Erfahrungen, Gefühle, Weltanschauungen und Wertvorstellungen sind Ursachen für Konflikte.

Konflikte lassen sich leichter lösen, wenn jeder gesprächs- und versöhnungsbereit ist. Verständnis baut Vertrauen auf.

HSU	Name:	Klasse:	Datum:	Nr.

Höflich miteinander umgehen

Folienbilder:

Das Wort „höflich“ kommt von „Hof“. An den Fürsten- und Königshöfen galten besondere Umgangsformen. Wer diese gepflegten Umgangsformen im Alltag anwandte, galt als „höflich“.

Auch heute gelten höfliche Umgangsformen als chick. Sie erleichtern unser Zusammenleben

HSU	Name:	Klasse:	Datum:	Nr.

Konflikte zu einer Lösung führen, die alle akzeptieren

Wie gehen wir in der Klasse mit Meinungsverschiedenheiten um? Dafür gibt es Regeln.

Arbeitsaufgaben:

1. Lest die Fallbeispiele 1 - 5 durch und diskutiert den Fragebogen!

2. Wie würdet ihr die einzelnen Situationen lösen?

3. Stellt eine Klassenordnung mit zehn „Goldenen Regeln" auf, die alle akzeptieren können!

Fall 1:

Es hat gerade zur Pause gegongt. Alle Schülerinnen und Schüler stürmen mit großem Hallo aus dem Klasszimmer. An der Türe wird es ganz eng. Johanna kommt nicht mehr durch, weil keiner sie vorlässt. Da sagt plötzlich Sabrina: „Lasst doch die Jo auch durch! Ihr kommt schon rechtzeitig hinunter!"

Tobias stößt kurzentschlossen die beiden Mädchen weg und schreit im Hinauslaufen: „Ihr Langweiler! Wenn Ihr so langsam seid, geschieht es euch recht, wenn ihr warten müsst!"

Fall 2:

Susanne hat seit einiger Zeit große Probleme in der Schule. Sie lernt zwar fleißig, bekommt aber selten gute Noten. Sie macht stets ihre Hausaufgaben und trotzdem sind viele Lösungen falsch. Auch im Unterricht wirkt sie oft verschlossen, ruhig und wenig mitteilsam. Man sieht, dass sie sich am liebsten zurückzieht. Wenn alle fröhlich sind und lachen, fällt es Susanne schwer, ein lustiges Gesicht zu machen. Ihre Freundin Beate hat sich schon oft gefragt, was der Grund sein könnte. Eines Tages gesteht ihr die Freundin: „Meine Eltern wollen sich scheiden lassen!"

Fall 3:

Bei der Diskussion in der Klasse 3a geht es heute sehr hoch her. Das Thema heißt:"Wohin wollen wir am Wandertag gehen?" Alle Schüler äußern ihre Meinung und bringen gute, sehr gute und weniger gute Vorschläge. Letztlich will die Klasse nur noch über zwei Möglichkeiten abstimmen: Der Besuch im Jagdmuseum oder eine Schiffahrt über den Ammersee. Thomas gefallen beide Vorschläge nicht. Er schreit dazwischen, beschimpft Schüler mit anderer Meinung und schlägt mit der Faust auf den Tisch:"Euere Vorschläge sind Mist! Ihr könnt hinfahren, wohin ihr wollt. Ich mag nicht mit. Wenn nicht das gemacht wird, was ich will, seile ich mich ab!"

Fall 4:

Sport-Stunde in der 4b. Tanja bekommt beim Völkerball-Spiel kaum den Ball zugespielt. Nur Anja macht alles: sie schlägt die Angaben, wehrt jeden Ball ab und bestimmt, wer wo spielt. Sonja nimmt nach der Stunde Anja bei Seite und flüstert ihr ins Ohr:" Weißt du, du könntest eigentlich auch den Ball öfters mal abgeben. Es spielen noch mehr in der Mannschaft!" Anja wird nachdenklich. Kurze Zeit später meint sie zu Tanja und den anderen Mädchen:" Entschuldigt bitte, nächstes Mal gebe ich öfters den Ball ab. Ich habe viel zu eigensinnig gespielt! Es tut mir leid." Die anderen Mädchen meinen:"Einverstanden. Es ist o.k."

Fall 5:

Auf dem Wandertag schießt Michael ein Foto nach dem anderen. Jeder Schüler und jede Mitschülerin wird abgelichtet. Er hat von Frau Fiolka den Auftrag dazu bekommen. Warum? Eine Woche später schneiden die Schüler ihre Fotos aus und kleben sie auf ein riesiges Plakat. Michi schreibt groß drüber: „Wir sind die 4c." „Stimmt", meint Maxi beipflichtend, „ wir sind wirklich eine verschworene Klasse. Jeder kann sich auf den anderen verlassen. Jeder hilft dem anderen. Alle für einen, einer für alle!" Christoph meint:"Heißt das nicht: Einer für alle, alle für einen?!?"

HSU	Name:	Klasse:

Fragebogen: Wie würdet ihr euch verhalten?

Kreuzt die eurer Meinung nach sinnvolle Lösung an und begründet!

Fall 1:

O Johanna sollte sich mit mehr Ellbogen durchsetzen
O Sabrina zeigt sich vorbildlich
O Tobias macht es richtig, wenn er andere zur Seite stößt

Fall 2:

O Susanne hilft man am besten,
wenn man sie „links" liegen lässt
O Susanne kann man nicht helfen
O Susanne ist an ihrer Situation selber schuld
O Beate verhält sich richtig

Fall 3:

O Thomas liegt richtig, wenn er widerspricht
O Thomas sollte sich nicht so aufführen und richtig diskutieren
O Thomas sollte sich der allgemeinen Meinung unterordnen
O Thomas liegt richtig, wenn er sich massiv wehrt

Fall 4:

O Tanja sollte sich mit Anja unterhalten
O Anja handelt richtig, wenn sie sich entschuldigt
O Sonja macht es richtig, wenn sie Anja direkt anspricht
O Die Klassenkameradinnen von Anja verzeihen ihr

Fall 5:

O Michi kümmert sich um ein gutes Klassenklima
O Michi arbeitet für andere
O Michi wird wegen seiner Arbeit für die Klasse gelobt
O Maxi hat recht, wenn er so spricht
O Christoph verbessert Maxi in angemessener Form
O Das Gespräch der Buben zeigt,
dass es in dieser Klasse sehr freundschaftlich zugeht.

(Lösungen: 1b, 2d, 3bc, 4abcd, 5abdef)

Unsere 10 Goldenen Klassenregeln:

1. ______________________________
2. ______________________________
3. ______________________________
4. ______________________________
5. ______________________________
6. ______________________________
7. ______________________________
8. ______________________________
9. ______________________________
10. ______________________________

Wünsche und Bedürfnisse
(Trends und Statussymbole im Wandel der Zeit)

Die Schüler untersuchen verschiedene Trends in ihrem Umfeld. Dabei wird ihnen bewusst, dass eigene Wünsche und Bedürfnisse und das soziale Miteinander in der Gruppe oder Klasse durch diese beeinflusst werden. Sie erkennen, dass Trends vielfältige Auswirkungen auf sie selbst, die Menschen in ihrer Umgebung und die Natur haben können. An einem ausgewählten Beispiel untersuchen die Schüler die Bedeutung eines Statussymbols für den Einzelnen und das Zusammenleben der Menschen in verschiedenen Zeitausschnitten.

Lernziel 1: Aktuelle Trends erkennen, ordnen und vergleichen
Lehrplanvorgaben:
O Gegenstände, Sportarten, Tätigkeiten, Musikrichtungen, Formulierungen, Gesten, Verhalten o.Ä.
O „In-und out"-Listen in Magazinen
Lernziel 2: Gründe suchen, einem Trend zu folgen oder sich zu verweigern
Lehrplanvorgaben:
O Bedeutung der Gruppenzugehörigkeit für das eigene Selbstwertgefühl
O Auswirkungen von Trends auf die eigene Person, Familie, Umwelt
z.B. Nutzen und Funktion, Konflikte und finanzielle Belastung,
gesundheitliche Gefährdungen, Umweltverträglichkeit
Unterrichtliche Umsetzung mit folgenden Arbeitsmaterialien (AB, Folien, Texte usw.):
1. Wir untersuchen Trends
2. Wir vergleichen Trends
3. Tausend Trends - Warum begeistert mich ausgerechnet ... ?
4. Was ist in Deutschland „in"?
5. Der heißeste Trend des Winters: der Lagenlook!
6. Trends werden vom Zeitgeschmack beeinflusst
7. Modetrends im Sport ändern sich von Zeit zu Zeit
8. Gründe, einem Trend zu folgen
9. Gründe, sich einem Trend zu verweigern
10. Trends gelten für jung und alt

Lernziel 3:
Die Bedeutung von Statussymbolen für das Zusammenleben der Menschen untersuchen
Lehrplanvorgaben:
O Zugehörigkeit zu einem gesellschaftlichen Stand
O Machtausübung, Abhängigkeiten, Rechte, Privilegien, Geltungsbedürfnis o. Ä.
Lernziel 4:
Ein Statussymbol in verschiedenen Zeitabschnitten betrachten und vergleichen
Lehrplanvorgaben:
O Bauwerke, Fortbewegungsmittel, Konsumgüter, Kleiderordnungen o. Ä.
Unterrichtliche Umsetzung mit folgenden Arbeitsmaterialien (AB, Folien, Texte usw.):
1. Fragebogen: Statussymbole heute
2. Was ist ein „Statussymbol"?
3. Das Auto als Statussymbol im Wandel der Zeit
4. Bauwerke als Statussymbol im Wandel der Zeit
5. Kleider als Statussymbole im Wandel der Zeit
6. Kleider machen Leute
7. Bilderbogen 1 - 4: 3000 Jahre Kleidermode

HSU	Name:	Klasse:	Datum:	Nr.

Wir untersuchen Trends

Trends, das sind laut Wörterbuch „Grundrichtungen einer längerfristig statistisch erfassbaren Entwicklung," kürzer gesagt „Entwicklungstendenzen." Verstanden? Nun ja, Soziologen, das sind Wissenschaftler, die sich mit Phönomenen in unserer Gesellschaft beschäftigen, nennen das so. Im Englischen wird das Wort „trend" mit: „Verlauf", „Richtung" übersetzt.

Arbeitsaufgaben:

1. Wie würdet ihr das Wort „Trends" erklären?

____

____

2. Was ist eurer Meinung nach ein aktueller Trend?

____

____

____

3. Lassen sich aktuelle Trends ordnen?
   Wenn ja, stellt für eure Ergebnisse zu Nr. 2 eine Übersicht zusammen!

____

____

____

4. Was ist momentan bei euch „in"?

____

____

____

5. Was ist momentan bei euch „out"?

____

____

____

6. Lassen sich Trends vergleichen?

____

7. Welcher Trend ist heute nicht mehr gefragt?

____

8. Welcher Trend kommt eurer Meinung bald?

____

HSU	Name:	Klasse:	Datum:	Nr.

Wir vergleichen Trends

Aktuelle Trends lassen sich ordnen und damit vergleichen.

Arbeitsaufgaben:

1. Tragt in die Tabelle Beispiele ein, die euch wichtig erscheinen!
2. Vergleicht eure Beispiele miteinander und diskutiert!
3. Sind eure Beispiele für alle Mitschüler gleich wichtig?
4. Warum werden Trends von deinen eigenen Wünschen und Bedürfnissen beeinflusst?
5. Warum werden Trends von einer ganzen Gruppe beeinflusst?

	Beeinflussung durch	
	eigene Wünsche/Bedürfnisse	**Gruppe und Klasse**
Trend-Gegenstände		
Trend-Sportarten		
Trend-Spielzeug		
Trend-Musikrichtungen		
Trend-Kleidung		
Trend-Tätigkeiten/Hobbies		
Trend-Verhalten		
Trend-Wörter		
Trend-Lesefutter		

HSU	Name:	Klasse:	Datum:	Nr.

Tausend Trends- Warum begeistert mich ausgerechnet ____________ ?

Aktuelle Trends wechseln häufig. Denkt an das Sammeln von Bildern. Einmal sind es die Star-Kicker der Fußballmannschaften bei Welt- und Europameisterschaften, dann sind es Pumuckl- oder Pokemon-Bilder, dann Aufkleber oder Abziehbilder für die Haut. Auch in der Literatur gab und gibt es Trend-Figuren: Heidi und Pippi Langstrumpf, Pinocchio und Harry Potter, Nils Holgerson und Donald Duck. Manche sind bereits heute Klassiker geworden. Das heißt, aus einer beliebten Trend-Figur ist eine Kult-Figur oder Kunstrichtung geworden.

Arbeitsaufgaben:

1. Schneidet ein Bild eures beliebtesten Trend-Gegenstandes aus (oder zeichnet es!) und klebt es hier auf dem Arbeitsblatt ein!
2. Beschreibt für eure Mitschüler den Gegenstand genauer!
3. Begründet, warum euch dieser Gegenstand so sehr begeistert!
4. Stellt gegenseitig eure gestalteten Arbeitsblätter im Klassenzimmer aus!

Beschreibung:

____

____

____

____

____

____

____

____

Begründung:

____

____

____

____

____

____

____

____

HSU	Name:	Klasse:	Datum:	Nr.

Was ist in Deutschland „in“?

Das Modehaus Karstadt berichtet in seiner Kundenzeitschrift „exklusiv“ im Herbst 2002 über Dinge, die die Deutschen besonders gerne machen, was sie glücklich macht, was „in“ ist!

Arbeitsaufgaben:

1. Wie hängen die Ausdrücke „etwas gerne machen“, „glücklich sein“ und „in sein“ zusammen?
2. Ist alles was glücklich macht, immer auch „in“ bei den Leuten?
3. Verstehen junge Leute unter „Glück“ etwas ganz anderes als Erwachsene oder Senioren?
4. Was ist bei Erwachsenen ebenso „in“ wie bei jungen Leuten?
5. Was ist bei jungen Leuten „out“, was bei Erwachsenen „in“ ist?
6. Was ist bei jungen Leuten neuester Trend, was umgekehrt bei Erwachsenen auf Ablehnung stößt?
7. In der Zeitschrift „HÄUSER Nr. 5/02“ steht auf der Titelseite folgender Aufmacher: „Von retro bis minimal: die aktuellen Wohntrends“ - Was ist damit gemeint?
8. Stellt in eurer Klasse „in & out - Listen“ auf und diskutiert darüber!

Das Wesen des Glücks

Der Buchautor Stefan Klein („Die Glücksformel“, Rowohlt, 19,90 Euro) ist ihm auf der Spur. Sein Alltagstipp: „Ich lade Leute zum Essen ein. Gerade das Kochen ist doch ein großartiges Beispiel, wie man die Glücksformel in den Alltag umsetzen kann: Man verfolgt ein Ziel, erlebt viele verschiedene Farben und Gerüche, man tut etwas Sinnliches mit den Händen. Und kocht man mit Freunden, hat man noch Spaß mit anderen.“ Auf die Frage, ob er glücklich ist, sagt er: „Ich habe durch mein Buch gelernt, ein immer glücklicherer Mensch zu sein. Man wacht morgens nicht einfach auf, und alles hat sich geändert. Es ist ein Prozess.“ Schließlich sind es nicht die großen Veränderungen, die im Leben etwas zum Besseren wenden. Zufriedenheit setzt sich wie ein Mosaik aus vielen glücklichen Momenten zusammen. Und sich dieser Augenblicke bewusst zu werden ist ein sicheres Mittel, das Unglück hinter sich zu lassen.

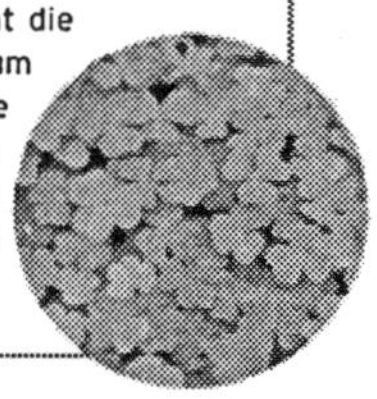

Was andere Menschen glücklich macht

- „Glück ist, nach der Arbeit mit meinen sechs Kindern zusammen zu sein oder Musik zu komponieren.“ HANS, 45
- „Glück ist für mich, endlich mal ausschlafen zu können, ohne gestört zu werden.“ AGNES, 35
- „Glück - das ist für mich das Gefühl, das, was ich mir vorgenommen habe, gegen alle Widrigkeiten, Ängste und Zweifel geschafft zu haben.“ INA, 44
- „Glück ist für mich, wenn ich alle meine Kinder und Enkelkinder um mich herum habe.“ MARGARETHE, 82
- „Letzte Woche haben bei unser Tanzvorführung, für die wir lange geprobt haben, alle geklatscht. Da hat es mir richtig im Bauch gekribbelt.“ ALINA, 8
- „Wenn ich auf der Straße gehe und ein Mensch kommt mit einem Lächeln auf mich zu - das ist beglückend für mich.“ KARIN, 58

Fotos: Getty Images (2)

Wann empfinden Deutsche ein Glücksgefühl?
(aus einer Focus-Umfrage des Polis Instituts München)

1)	Zusammen sein mit eigenen Kindern	71 %
2)	Zusammen sein mit Ehe- bzw. Lebenspartner	71 %
3)	Urlaub machen	55 %
4)	Sex haben	46 %
5)	Zusammen sein mit Freunden	45 %
6)	Selber Auto fahren	43 %
7)	Hobby ausüben	42 %
8)	Musik hören	40 %
9)	In Ruhe nachdenken	39 %
10)	Lesen	33 %
11)	Essen und trinken	31 %
12)	Arbeiten im Beruf	31 %
13)	Schlafen und dösen	27 %
14)	Sport treiben	25 %
15)	Theater, Konzert, Ausstellung besuchen	20 %
16)	Einkaufsbummel machen	18 %
17)	Im Haushalt arbeiten	16 %
18)	Gottesdienst besuchen	14 %
19)	Ins Kino gehen	13 %
20)	Fernsehen	12 %

HSU	Name:	Klasse:	Datum:	Nr.

Der heißeste Trend des Winters: der Lagenlook!

Das Modehaus Karstadt stellt in seiner Kundenzeitschrift „TV-Karstadt“ im Oktober 2002 jungen Mädchen den neuesten Mode-Trend vor.

Arbeitsaufgaben:

1. Welcher Konflikt wird in dem TV-Spot von INSCENE inszeniert?
2. Wie inszeniert die kleine Schwester ihren Modestil?
3. Was ist der so genannte „Lagenlook“?
4. Übersetze den Ausdruck: „Inscene Yourself“!
5. Warum soll bei allen Trends stets etwas in Szene gesetzt werden?

FASHION

Making of

Der neue TV-Spot von INSCENE ist da. Er zeigt den heißesten Trend des Winters: den Lagenlook. Die Macher greifen den Style der Laufstege von Paris und London auf und setzen ihn witzig in Szene. Ein Blick hinter die Kulissen

Stress mit der großen Schwester. Ständig Streit um Klamotten. Der aktuelle TV-Spot von INSCENE macht den Kampf zwischen Modemuffel und Trendsetter zum Thema und setzt so den heißesten Style des kommenden Winters in Szene: den Lagenlook.

Mode für Mutige

Unter dem Motto „Inscene Yourself“ darf dabei kombiniert werden, was der Kleiderschrank und die eigene Fantasie hergeben. Vom Unterrock über Jeans, von Rüschenbluse bis Bustier, Sportjacke oder Glitzertop – alles wird über- und untereinander getragen, gerafft und geschnürt. Individuell und äußerst trendy. Was Designer auf den Laufstegen der Welt vorgemacht haben, macht auch bei den Jugendlichen Schule.

Langeweile war gestern

Im INSCENE-Werbespot herrscht Modekrieg zwischen der kleinen und großen Schwester. Die eine: cool und frech. Die andere: zickig und spießig. Die Arena der beiden: zwischen Wäscheleine und Gartenliege. Siegerin durch Stil-k.o.: die kleine Schwester. Sie stibitzt die spießige Spitzenunterwäsche ihrer großen Schwester und funktioniert den Strapshalter zum Gürtel um. Frech kombiniert zu Boots, Jeansrock, Overknees und Leopardenstrümpfen. Fertig ist ihr ganz persönlicher Style. Beim Lagenlook gibt es nur eine Regel: Inscene Yourself!

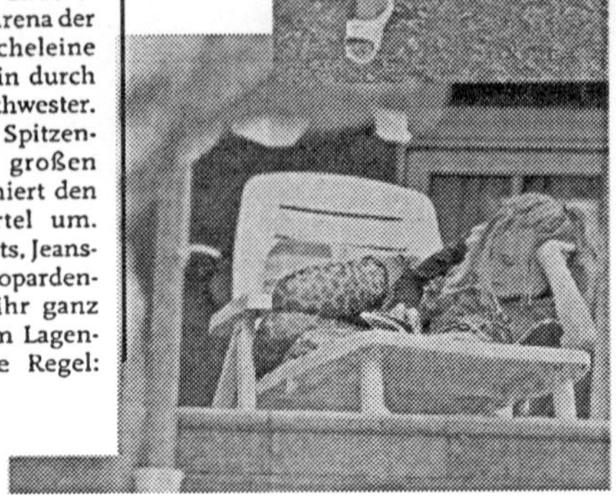

Dreh des neuen Spots

Nach einem gigantischen Streetcasting bekamen Lisa Banier (oben) und Daniela Wiese (links) die Chance ihres Lebens. Die beiden sind die Stars des neuesten INSCENE-Werbespots, der seit Ende August läuft

TV KARSTADT LESEPROBE **15**

HSU	Name:	Klasse:	Datum:	Nr.

Trends werden vom Zeitgeschmack beeinflusst

Unsere Bilder zeigen Sportarten, wie sie in früherer Zeit von den Menschen betrieben wurden. Dabei sieht man schnell, wie sich die Mode und die Sportgeräte verändert haben.

Beobachtet genau und berichtet!

HSU	Name:	Klasse:	Datum:	Nr.

Modetrends im Sport ändern sich von Zeit zu Zeit

Wie hat sich der Schisport und der Eiskunstlauf in den letzten 100 Jahren verändert?
Beobachtet genau und berichtet!

HSU	Name:	Klasse:	Datum:	Nr.

Gründe, einem Trend zu folgen

Die Fallbeispiele zeigen euch, warum die Schülerinnen und Schüler einem Trend folgen.

Arbeitsaufgaben:

1. Versucht jeweils die Gründe herauszuarbeiten, warum die einzelnen Schülerinnen und Schüler einem Trend folgen wollen!
2. Notiert die Beweggründe in kurzen Stichpunkten!

Maxi (4a):

„Alle meine Freunde sammeln gerade Kicker-Bilder von Kahn und Kovacs, Frings und Metzelder. Die Fußball-Europameisterschaft ist im vollen Gange. Aber meine Mama gibt mir keinen Cent für diese Bilder. Ich dürfe diesen Schmarrn nicht kaufen, verbot sie mir. Das sei hinausgeschmissenes Geld. Sie meint, dass die Bildern schon in zwei Jahren keinen Wert mehr haben, weil dann andere Spieler in der Mannschaft sind. Ich aber bin in der Klasse ein Außenseiter. Alle Buben tauschen die Bilder. Wer den Olli Kahn hat, der ist der King. Der bekommt fünf andere Bilder für ihn, weil er so selten ist. Mit mir will kein Mitschüler mehr was zu tun haben, weil ich nicht tauschen kann. Gestern hat sogar Tommi, mit dem ich öfter spiele, gesagt: „Mit Maxi kannst du einpacken, der hat keine Sammelbilder!“

Tina (4b):

Alle meine Freundinnen sind immer so chic angezogen. Maras Mami geht mit ihr sogar in die Boutique zum Einkaufen. Da gibt's nur teure Markenkleidung. „Für solche teure Sachen habe ich kein Geld“, sagt dann meine Mama. Ich muss immer das alte Zeug meiner großen Schwester auftragen. Die Kleidchen sind läppisch, die Hosen altmodisch, die Pullis von der Farbe her grausam. Und dann noch Mamas Kommentare: „Das hat man schon zu meiner Zeit getragen. Das ist echt chic für die Schule!“ Mir gehen solche Sprüche furchtbar auf den Geist. Hinterrücks lachen mich meine Freundinnen aus, weil ich so unmoderne Klamotten habe. Mich ärgert das. Und manchmal fühle ich mich minderwertig und ausgestoßen. Das nagt dann in meinem Kopf, wenn ich abends nicht einschlafen kann. Warum habe ich so eine sture und blöde Mutter, die ihre Tochter so furchtbar blöd anzieht und ihr nicht erlaubt, sich so anzuziehen wie ich es gern möchte. Da kriegst du ja einen seelischen Knacks!“

Daniel (4a):

Ich probiere am Computer gleich alle neuen Spiele aus. Damit bin ich allen anderen voraus. Papa und Mama schimpfen fürchtlich, weil ich stundenlang vor dem Monitor sitze. „Du wirst schlechte Augen bekommen! Du wirst ganz blöd im Kopf, wenn du immer diese Abknall-Spiele spielst!“ werfen mir die Eltern vor. Gestern meinte Papa: „Du hast überhaupt keine Freunde mehr. Früher kamen Kurt und Karl zum Spielen. Ich fürchte, du wirst eines Tages der einsamste Mensch der Welt, ohne Kontakte, ohne Kommunikation!“ „Ich hab ja meinen Computer!“, sagte ich zu Papa. Aber der schüttelte nur den Kopf: „Eine Maschine kann keinen Menschen ersetzen!“

Kreuzt die beiden falschen Aussagen an!

O Maxi will Geld für Sammelbilder, weil er dann bei seinen Klassenkameraden etwas gilt.
O Maxi will Sammelbilder haben, weil er in seiner Gruppe anerkannt sein will.
O Tina fühlt sich unansehnlich und minderwertig, weil ihre Mama kein Geld für teure Mode-Klamotten ausgeben will.
O Tina befürchtet sogar seelische Probleme, weil sie von ihrer Mutter bevormundet wird.
O Daniel ist ein echter Trendsetter, weil er ohne Rücksicht auf seine körperliche, geistige und seelische Gesundheit stundenlang die neuesten Computerspiele spielt.
O Daniel wird von seinen Mitschülern wegen seiner Spielsucht sogar besonders gelobt.
O Daniel nimmt gesundheitliche Risiken in Kauf, nur um seinem Trend-Hobby nachzugehen.
O Maxis, Tinas und Daniels Gründe, sich einem Trend anzuschließen, verursachen Konflikte in der Familie.

HSU	Name:	Klasse:	Datum:	Nr.

Gründe, sich einem Trend zu verweigern

Die Fallbeispiele zeigen, warum die Schülerinnen und Schüler sich einem Trend verweigern.

Arbeitsaufgaben:

1. Versucht jeweils die Gründe herauszuarbeiten, warum die einzelnen Schülerinnen und Schüler sich einem Trend verweigern!
2. Notiert die Beweggründe in kurzen Stichpunkten!
3. Gestaltet im Heft eine Zusammenfassung als Eintrag!

Tobias (4b):
Alle sind zur Zeit mit Roller-Blades unterwegs. Ich weiß, dass das zur Zeit große Mode ist. Aber ich kann mit dieser affigen Sache nichts anfangen. Mir ist das zu umständlich: raus aus den Schuhen, rein in die Schuhe. Und wenn es mich auf das Steißbein haut, lieg ich mehrere Tage flach. Da ist mir zu viel Risiko dabei. Im übrigen kosten die viel Geld, weil momentan alle die Blades kaufen wollen. Da geb ich die Moneten lieber für was anderes aus.

Marlon (4c):
Papa ist ein richtiger Rennsportfan. Besonders die roten Ferrari-Rennkisten haben es ihm angetan. Jedes Jahr fährt er wegen Schumacher auf den Hockenheimring, nach Monte Carlo und zum Großen Preis nach Belgien. Ich verstehe ihn nicht! Da pusten die Autos Tonnen von giftigen Schadstoffen in die Luft, machen einen Höllenlärm und dafür zahlen Leute wie mein Papa auch noch Eintrittspreise. Nächstes Wochenende soll ich mit ihm auf den Salzburg-Ring fahren. Ich will aber nicht mit. Auch wenn das Schumacher-Fieber in Deutschland noch so groß ist und er zwanzigmal Weltmeister wird, ich mag den Auto-Rennsport nicht. Der schadet der Umwelt, basta!

Ein Vater (47 Jahre):
Ich weiß noch gut, als ich 23 Jahre alt war. Da war Umweltschutz so etwas wie ein Modetrend. Wir sind auf die Straße gegangen, weil wir gegen Atomkraftwerke waren, weil wir gegen die Einstauung von Flüssen und Bächen waren, weil wir nicht wollten, dass in den Labors tausende Tiere für Versuchszwecke gequält und getötet werden. Und heute? Aus dem Mode-Trend des radikalen Naturschutzes ist die Umweltschutzbewegung geworden und zusammen mit der Friedensbewegung hat sich sogar eine Partei gegründet: Die GRÜNEN. Ja, ja, heute bin ich Gemeinderat bei den GRÜNEN und meine Partei sitzt in der Regierung in Berlin.

Eine Mutter (38 Jahre):
Ich habe drei Kinder im Alter von 7 bis 19 Jahren. Mir gehen die Trends ziemlich gegen den Strich. Alle paar Jahre wechseln die Trends, das ist abhängig vom Geschlecht. Jungs rennen anderen Trends nach als Mädchen. Aber kosten tut das alles sehr viel für Eltern! Und welchen Nutzen haben diese Modeerscheinungen? Meist liegen die Gegenstände, die man anfangs so sehr begehrt und gewünscht hat, heute vergessen irgendwo im Keller oder auf dem Speicher herum. Marion wollte unbedingt eine sündhaft teure E-Gitarre. Heute steht sie ungebraucht in ihrem Zimmer. Tommi bekam seinerzeit den heißbegehrten Alu-Roller, heute liegt er verrostet längst im Sperrmüll. Simon hatte eine Sammlung von Master-Figuren. Von He-Man gibt es heute im Kinderzimmer keinen Hauch mehr.

Diskutiert folgende Aussagen und Fragen:

1. Trends wirken sich immer auf das Familienleben aus. Warum wohl?
2. Trends beeinflussen jeden Menschen persönlich.
3. Warum sollte man nicht jedem Trend nachlaufen?
4. Welche Trends kennt ihr, die sogar negative Auswirkungen auf die Natur haben?
5. Warum beeinflussen Trends oft unser Selbstwertgefühl?
6. Wie hängen Gruppenzwang und Trends miteinander zusammen?
7. Welchen Nutzen haben Trends, wenn sie die Familie finanziell belasten oder sogar eine gesundheitliche Gefährdung darstellen?

HSU	Name:	Klasse:	Datum:	Nr.

Trends gelten für jung und alt

Arbeitsaufgaben:

1. Welche Trends sind unten abgebildet?
2. Gelten Trends für Buben und Mädchen gleichzeitig?
3. Wie unterscheiden sich Buben-Trends und Mädchen-Trends?
4. Zeichnet in die 3 Rahmen, welche Trends euch derzeit besonders gut gefallen!

Freizeitsportarten

Motorräder

Frisuren

HSU	Name:	Klasse:	Datum:	Nr.

Fragebogen: Statussymbole heute

Es gibt eine ganze Menge Möglichkeiten, im Alltag Statussymbole ausfindig zu machen, die Menschen sehr viel wert sind. Mit Statussymbolen zeigen Menschen, dass sie Geld und Geltungsbedürfnis haben, Ansehen genießen und Macht ausüben wollen, Sonderrechte und die Zugehörigkeit zu einer besonderen gesellschaftlichen Gruppe zeigen können.

Arbeitsaufgaben:

1. Welche Statussymbole zeigen euch die Abbildungen unten?
2. Welche weiteren Statussymbole kennt ihr?
3. Haben nur Erwachsene Statussymbole?
4. Welche Statussymbole kennen bereits Kinder und Jugendliche?

HSU	Name:	Klasse:	Datum:	Nr.

Was ist ein „Statussymbol“?

Im Lexikon steht folgende Erklärung zum Wort „Status“:
lateinisch (der Zustand), auch der Standpunkt einer Person oder einer Gruppe innerhalb der Rangordnung eines sozialen Systems, das sich an bestimmten Werten orientiert. Ein soziales System kann eine Vereinsmannschaft, eine Schulklasse, die Leute, die in einem Straßenzug wohnen, ein ganzer Ort, aber auch die Gesellschaft, der Staat, das ganze Volk sein. Der Status einer Person wird zum Teil durch persönliche Eigenschaften, zum Beispiel durch seine Begabung, bestimmt. Meist jedoch spielen Einkommen, Herkunft, Beruf sowie Wohngegend und das Konsumverhalten (Kleidung, Auto, Schmuck usw.) eine große Rolle. Solche äußeren Bestimmungen eines Status nennt man auch Statussymbole. Symbole sind Sinnbilder und Erkennungszeichen.

Folgende Beispiele helfen euch zu verstehen, welche Bedeutung Statussymbole für das Zusammenleben der Menschen haben:

Beispiel 1:
Herr Grüner ist in G. erfolgreicher Bauunternehmer. Er beschäftigt als Arbeitgeber über 50 Mitarbeiter, darunter Sekretärinnen, Bauzeichner, Statiker, Ingenieure, Maurer, Baggerfahrer usw. Die Beschäftigten schätzen ihn, weil er seinen Beruf von der Pike auf gelernt hat. Er hat sich - aus kleinen Verhältnissen stammend - „hochgearbeitet“, sagen die Leute. In seinem Betrieb spricht er alle wichtigen Entscheidungen mit „seinen Leuten“, wie er sagt, ab. Er ist beliebt, weil er für jeden ein gutes Wort übrig hat, selbst die Ärmel hochkrempelt und selbst in schwierigen Situationen einen kühlen Kopf bewahrt. „Er hat eine natürliche Autorität“, sagen seine Untergebenen, „und man kann mit ihm als Chef sehr gut arbeiten. Er lässt sich seinen Reichtum nicht heraushängen und man hat nie das Gefühl, dass er sich Rechte herausnimmt. Er behandelt alle gleich und fühlt sich als Gleicher unter Gleichen.“

Beispiel 2:
Frau Hofschmid ist gelangweilte Hausfrau. Wenn sie in den Geschäften einkauft, will sie vom Verkaufspersonal mit Frau Dr. Hofschmid angesprochen werden. Ihr Mann hat nämlich den Doktor-Titel und ist ein bekannter Chirurg in der Stadt. Zu gerne fährt sie im offenen Cabrio zum Tennisspielen oder Golfen. Nachmittags braucht sie kurzfristig Sondertermine beim Frisör, die dann ebenso kurzfristig wieder abgesagt werden, weil sie mit ihrer besten Freundin schnell mal einen kleinen Segeltörn unternehmen will. Den Urlaub verbringt sie mit ihrem Mann entweder auf der Motorjacht im Mittelmeer oder auf ihrem Bauernhof in den Schweizer Bergen. Besonders gerne jettet sie am Wochenende zum Shopping nach Mailand, Barcelona oder London.

Beispiel 3:
Herr Wicherl ist Amtsleiter in der Stadtverwaltung. Auf seinem Schreibtisch liegen zwar wenige Akten, aber er tut gerne so, als würde er unglaublich viel zu tun haben. Er gibt seiner Sekretärin Arbeiten, von denen er schon vorher weiß, dass sie im Papierkorb landen. Er stachelt seine Untergebenen mit sinnlosen Arbeitsaufträgen an, damit sie sich gegenseitig übertrumpfen wollen und ihm zu Gefallen sind. Er hat es gerne, wenn seine Untergebenen ihn für seine tolle Arbeit loben, ihm Komplimente machen und brav ihren Amtsdiener machen. Dafür belohnt er seine Mitarbeiter mit Beförderungen, wenn sie Probleme unter den Tisch kehren, duckmäuserisch zu allem Ja und Amen sagen und scheinbar in bester Harmonie das beste Arbeitsklima vortäuschen. Insgeheim aber liebt er es, wenn sich seine Untergebenen gegenseitig mobben und ausrichten und dabei Gerüchte und Vorurteile in die Welt setzen. Er achtet aber peinlichst genau darauf, dass nichts an die Öffentlichkeit kommt und Außenstehende den besten Eindruck von seiner Behörde haben.

HSU	Name:	Klasse:	Datum:	Nr.

Was ist ein „Statussymbol“?

Wir setzen hier die Reihe der Beispiele fort, die euch helfen zu verstehen, welche Bedeutung Statussymbole für das Zusammenleben der Menschen haben:

Beispiel 4:
Frau Seidlmayr liebt Bücher über alles. Wöchentlich nimmt sie sich zwei Stück aus der Bücherei nach Hause mit. Dabei pflegt sie ein angeregtes Gespräch mit der Bibliothekarin. In der Buchhandlung informiert sie sich über die neuesten Bestseller und kauft natürlich die Verkaufsschlager, um stets bei Diskussionen in ihrem Freundeskreis mit ihrem Wissen allen anderen voraus zu sein. Sie geht gerne auf Autorenlesungen und lässt sich vom Schriftsteller ein Exemplar signieren. Noch lieber hat sie es, wenn ihre Freundinnen am Nachmittag zum Kaffee kommen und in ihrem Bibliothekszimmer angeregt über Literatur diskutieren. Dabei spielt sie mit Vorliebe die gönnerhafte Gastgeberin und schmückt sich mit den Komplimenten ihres Besuchs, der mit großen Augen ihre zehntausend Bücherbände bestaunt und noch mehr ihr unglaubliches Wissen in Sachen Lektüre.

Beispiel 5:
Corry York ist Moderatorin beim Privatfernsehen. Sie wird von der Modefirma Benedetta mit den neuesten, teuersten und modischsten Klamotten ausgestattet. Eine Stylistin kümmert sich um ihr Äußeres: Make up, Frisur, Outfit. Ein Redakteur bespricht mit ihr die von ihm vorbereiteten Texte. Ihre Agentur vermarktet sie, damit ihr Image und ihre Einschaltquoten bei den Fernsehzuschauern steigen. Corry: „Ich habe den Sprung vom kleinen Mädchen vom Land zum gefeierten Fernsehstar geschafft. Wer heute etwas in der Öffentlichkeit gelten will, muss bei Funk und Fernsehen präsent sein. Damit gehöre ich zur gesellschaftlichen Spitze. Ich bin in diesen Kreisen dabei, die das Sagen haben. Das bringt mir große Befriedigung.“

Beispiel 6:
Herr Schläuch ist neuer Bundestagsabgeordneter der xy-Partei. Er bekommt neben seinen Diäten, das ist das Einkommen eines Politikers, Aufwandsentschädigungen für Reisen, Tagungen usw. bezahlt. Darüber hinaus steht ihm ein Dienstwagen zur Verfügung, er kann Flüge auf Staatskosten in Anspruch nehmen und weitere Vergünstigungen ausnutzen. Als Abgeordneter wird er ständig zu Empfängen und anderen Veranstaltungen eingeladen, wo kalte Büffets und feine Getränke kostenlos auf ihn warten. Freundlich wird er von den Leuten um dieses und jenes gebeten; hochachtungsvoll wird er mit „Herr Abgeordneter“ angesprochen. In der Tat hat er ja jetzt eine hohe Machtposition. Kein Wunder, dass er diese Macht genießt und noch mehr die damit verbundenen Vor- und Sonderrechte. Manchmal aber wird er nachdenklich und meint: „Ich weiß nicht, ob diese Privilegien für uns Politiker nicht doch ungerecht sind?“

Arbeitsaufgaben:

1. **Wie geht Bauunternehmer Grüner mit seinem Status als Arbeitgeber um und wie sehen ihn seine Mitarbeiter?**
2. **Wie äußert sich das Geltungsbedürfnis von Frau Hofschmid und mit welchen Statussymbolen schmückt sie sich?**
3. **Wie beurteilt ihr die Art und Weise, wie Herr Wicherl seine Amtsaufgaben ausübt?**
4. **Können Bücher Statussymbole sein wie im Falle von Frau Seidlmayr?**
5. **Warum hat die Zugehörigkeit zur Fernsehbranche für Corry York so hohe Bedeutung?**
6. **Wie beurteilt ihr die Ansicht des Herrn Schläuch, dass Politiker zu viele Privilegien haben?**
7. **Sind Statussymbole etwas Positives oder etwas Negatives?**
8. **Warum müssen Statussymbole in Frage gestellt werden?**
9. **Warum sind manche Menschen nahezu von Statussymbolen abhängig und warum bedeuten manchen Menschen Statussymbole überhaupt nichts?**

HSU	Name:	Klasse:	Datum:	Nr.

Das Auto als Statussymbol im Wandel der Zeit

Das moderne Auto hat sich von einem kutschenähnlichen Gefährt mit Motor zum Auto, wie wir es heute kennen, erst allmählich entwickelt.

Arbeitsaufgaben:

1. *Welche Vorteile hatte das Auto gegenüber der Pferdekutsche?*
2. *Welche Vorteile brachte den Menschen das Auto als neues Fortbewegungsmittel?*
3. *Warum ist das Auto stets ein Statussymbol gewesen?*
4. *Welche Rolle spielt der Preis beim Statussymbol Auto?*
5. *Wie denkt ihr über folgende Aussagen:*
   - *„Millionäre fahren Porsche oder Ferrari!“*
   - *„Wer Chef ist, muss mindestens einen Mercedes fahren!“*
   - *„Arme Studenten fahren mit der U-Bahn!“*
   - *„Wer etwas auf sich hält, hat Auto mit Chauffeur bestellt!“*
6. *Tragt in das Schaubild folgende Begriffe ein:* ***Ansehen, Geltungsbedürfnis, Zugehörigkeit zu einem gesellschaftlichen Stand, Machtausübung, Vorrechte***
7. *Ergänzt das Schaubild mit weiteren Begriffen!*

Opel 1924

Opel Kapitän 1939

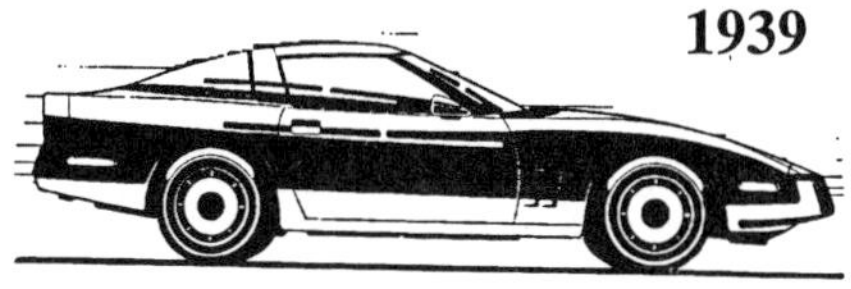

Chevrolet Corvette 1984

Seit über hundert Jahren sehen wir am Beispiel des Autos, dass die Menschen Statussymbole haben wollen.

Mercedes Benz

Statussymbole sind für jeden Einzelnen und für das Zusammenleben der Menschen von großer Bedeutung.

Es gibt viele Gründe, warum Menschen Statussymbole wichtig sind.

Rechts in den Wortkarten findet ihr Begriffe, die euch zeigen, warum Statussymbole für viele Menschen von Bedeutung sind.

Porsche 2003

HSU	Name:	Klasse:	Datum:	Nr.

Bauwerke als Statussymbol im Wandel der Zeit

Auch Bauwerke galten und gelten für Menschen als Statussymbole. Früher ließen sich Herrscher Burgen, Schlösser und Paläste bauen, reich geschmückt mit kostbaren Einrichtungsgegenständen. Auch die Bürger, die es mit Fleiß und Geschick ab dem Mittelalter in den Städten zu Wohlstand und Ansehen brachten, legten großen Wert auf schöne Häuserfassaden und stilvolle Inneneinrichtung. Und heute?

Arbeitsaufgaben:

1. *Stellt Beispiele zusammen, die zeigen, warum auch heute Bauwerke Statussymbole sein können!*
2. *Welche Veränderungen könnt ihr bei Bauernhäusern feststellen, wenn ihr sie im Laufe der letzten 200 Jahre vergleicht?*
3. *Versucht anhand der Bilder unten zu erklären, weshalb Bauwerke Statussymbole waren und sind!*
4. *Befragt eure Eltern, wie sie über Bauwerke denken, die für andere Menschen als wichtiges Statussymbol gelten!*

HSU	Name:	Klasse:	Datum:	Nr.

Kleider als Statussymbole im Wandel der Zeit

Wisst ihr, was eine HOIKE ist? Nein? Das Bild rechts hilft euch weiter! Zu Beginn des 14. Jahrhunderts war das die Bezeichnung eines kurzen, glockenförmigen Mantels, der vor allem von Männern getragen wurde. Rechts seht ihr einen burgundischen Fürst, der als Zeichen seines Adels eine wertvolle Hoike mit gezattelten Säumen trägt. Gegen Ende des 14. Jahrhunderts wurde die Hoike verlängert und vom Hals herab bis zum Ellbogen zugeknöpft. Am Ende des 16. Jahrhunderts wurde die Hoike mit einer Kapuze versehen, die durch Einlegen von Fischbein oder Pappe über der Stirn zu einer krummen, hornartigen Spitze verlängert wurde. Daher hieß sie Tiphoike. Anfangs war die Hoike ein Statussymbol für die herrschenden Klassen. Wie sich im Lauf der Jahrhunderte die Mode änderte, sieht man auch am Beispiel der Hoike. Im 18. Jahrhundert gebrauchten die Hoike nur noch Frauen der niederen Stände als schwarzen Regenmantel.

Schauen wir uns einmal die Entwicklung der Beinkleider, Hosen genannt, genauer an. Ursprünglich waren die Hosen Trachtenkleider aus dem Orient. Schon die Babylonier und Perser bedienten sich der langen Hosen. In Europa findet man sie zuerst bei den Galliern, weshalb auch die Römer einen Teil Galliens das „behoste Gallien" (Gallia braccata) nannten, bis sie in späterer Zeit selbst diese Sitte annahmen. Im Mittelater wurden die Hosen ein Gegenstand vielfacher Moden. Man trug sie bald eng, bald weit, versah sie mit Puffen und Schlitzen, mit Bändern und Knöpfen. Sie waren bald einfarbig, bald von verschiedenen Farben. In der Mitte des 16. Jahrhunderts ging man sogar so weit, dass man oft mehrere hundert Ellen Zeug zu einem Paar so genannter Pluderhosen verwendete. Die Landsknechte steigerten diese Mode ins Ungeheuerliche. Von ihnen aus fanden die Pluderhosen auch bei den höheren Ständen Aufnahme. Ärmere, denen diese Mode zu teuer war, stopften ihre Hosen aus, damit sie an Umfang jenen gleichkämen. Joachim II., Kurfürst von Brandenburg ließ diese Mode verbieten. Jedem wurde damals die Pluderhose aufgeschnitten, sobald er sich mit ihr sehen ließ.

Besonders beliebt um 1570 waren in Frankreich und England neben den weiten Langhosen die kurzen Oberschenkelhosen, die entweder rundwulstig ausgestopft wurden und Rollhosen genannt wurden. Oder man schlitzte sie an der Seite auf, so dass sie weitbauchig bis über die Knie reichten und so Pumphosen genannt wurden.

Als Nachfolger dieser beiden Hosen erschien im 17. Jahrhundert eine mäßig weite, faltige Hose, die etwas über die Knie herabreichte. Dann kam unter Ludwig XIV die kurze, aber ziemlich enge Kniehose in Mode, die erst im 19. Jahrhundert durch die langen, bis auf die Füße reichenden Pantalons verdrängt und nur noch in der Galakleidung in Gebrauch gelassen wurde.

Im 16. Jahrhundert tauchten auch Unterhosen für Frauen auf, zugleich mit den Reifröcken, also vermutlich zum Schutz gegen Erkältung.

Arbeitsaufgaben:

1. *Wie sind Kleider dem Zeitgeschmack, also der Mode, unterworfen?*
2. *Wie haben sich Hosen im Lauf der Zeit verändert?*
3. *Welche Hosen werden heute getragen?*
4. *Was wisst ihr über Jeans?*
5. *Welche Marken sind derzeit gerade „in"?*
6. *Was versteht man unter „Kleiderordnung"?*

HSU	Name:	Klasse:	Datum:	Nr.

Kleider machen Leute

Arbeitsaufgaben:

1. *Welche Personen sind unten abgebildet?*
   Nennt genaue Namen und erklärt!
2. *Welche Kleidung tragen sie?*
   Nennt genaue Namen und erklärt!
3. *Wie hängen Kleidung und Status der Personen zusammen?*
4. *Was bedeuten die Wörter:*
   Berufs-, Freizeit-, Galakleidung?
5. *Sind Uniformen Statussymbole?*

HSU	Name:	Klasse:	Datum:	Nr.

Bilderbogen 1: Kleidermode Ägypten bis Mittelalter

Unten findet ihr Kleidermode aus früheren Zeiten, die mit Modegeschmack, Trends und Statussymbolen zu tun hat. Beobachtet genau und berichtet darüber!

Ägypter z. Z. der Pharaonen

Grieche und Griechin im antiken Athen

Römerin und Römer um Chrsti Geburt

rechts: Byzantinisches Paar um 300 nach Chr., Konstantinopel, heute Istanbul

Germanisches Paar um Chr. Geburt

Paar aus dem Mittelalter, um 1500 nach Chr.

HSU	Name:	Klasse:	Datum:	Nr.

Bilderbogen 2: Kleidermode 14. - 17. Jahrhundert

Unten findet ihr Kleidermode aus früheren Zeiten, die mit Modegeschmack, Trends und Statussymbolen zu tun hat. Beobachtet und berichtet darüber!

Paar aus dem 14. Jahrhundert

Paar aus dem 15. Jahrhundert

Paar zu Beginn des 16. Jahrhunderts

Paar am Ende des 16. Jahrhunderts

Paar zu Beginn des 17. Jahrhunderts

Paar am Ende des 17. Jahrhunderts

HSU	Name:	Klasse:	Datum:	Nr.

Bilderbogen 3: Kleidermode 18. und 19. Jahrhundert

Unten findet ihr Kleidermode aus früheren Zeiten, die mit Modegeschmack, Trends und Statussymbolen zu tun hat. Beobachtet genau und berichtet!

Preußisches Paar des 18. Jahrhunderts

Paar aus der Barock- und Rokokozeit (18. Jahrhundert)

Bürgerliches Paar am Ende des 18. Jahrhunderts

rechts: Bürgerliches Paar aus Frankreich am Ende des 18. Jahrhunderts

links: Paar aus Frankreich zur Zeit Napoleons (Beginn 19. Jahrhundert)

Paar aus der Empire-Zeit (19. Jahrhundert)

HSU	Name:	Klasse:	Datum:	Nr.

Bilderbogen 4: Kleidermode 20. Jahrhundert

Arbeitsaufgaben:

1. Beschreibt die einzelnen Paare und ihre Kleidungsstücke!
2. In welchen Jahrzehnten wurden die Kleider vermutlich getragen?
3. Welche Veränderungen sind festzustellen?
4. Wie denkt man heute über Kleidung als Statussymbol?
5. Welche Kleidertrends sind heute bei euch angesagt?

Zusammenleben

(Zusammenleben in der Gemeinde)

Die Schüler lernen am Beispiel der Gemeinde Grundzüge demokratischer Entscheidungsprozesse kennen. Dabei erfahren sie, inwieweit der Einzelne daran teilhaben kann und wo ihm Grenzen gesetzt sind.

Lernziel 1:
Sich über die Aufgaben der Gemeinde informieren

Lehrplanvorgaben:
O Unterrichtsgang zum Rathaus
O Informationen in verschiedenen Medien sammeln

Lernziel 2:
Möglichkeiten der Meinungsbildung und Entscheidungsfindung kennen lernen

Lehrplanvorgaben:
O Diskussion, Expertenbefragung, Informationsveranstaltungen o. Ä.

Lernziel 3:
Beschlussfassung, Abstimmung, Mehrheitsbeschluss

Lehrplanvorgaben:
O Besuch einer Sitzung: Beratungen im Stadtrat, Gemeinderat, Bezirksausschuss
O Entscheidungen als Regelung auf bestimmte Zeit akzeptieren

Lernziel 4:
Die Mitwirkungsmöglichkeiten und Grenzen des Bürgers kennen lernen

Lehrplanvorgaben:
O Wahl, Gespräch mit Mandatsträgern, schriftliche Eingabe, öffentliche Meinungsäußerung
O Bürgerbegehren, Bürgerentscheid
O Politikverständnis anbahnen: Kontrolle durch Wahl, Wiederwahl
Umgang mit Enttäuschungen und Niederlagen
(Nicht alles Mögliche ist auch machbar)
O Mitwirkung bei aktuellen Anlässen

Unterrichtliche Umsetzung mit folgenden Arbeitsmaterialien (AB, Folien, Texte usw.):

1. Aufgaben unserer Gemeinde
2. Wir informieren uns über unsere Gemeinde
3. Wir informieren uns über die Aufgaben der Gemeinde
4. Unsere Gemeinde hat viele Aufgaben
5. Wie entscheidet der Gemeinderat?
6. Meinungsbildung - Abstimmung - Mehrheitsbeschluss
7. So können die Bürger bei Entscheidungen mitwirken!
8. Bürgerinitiative - Bürgerbegehren - Bürgerentscheid
9. Mitwirkungsmöglichkeiten und Grenzen des Bürgers
10. Planspiel: Braucht Westenried die Westumgehung?

HSU	Name:	Klasse:	Datum:	Nr.

Aufgaben unserer Gemeinde

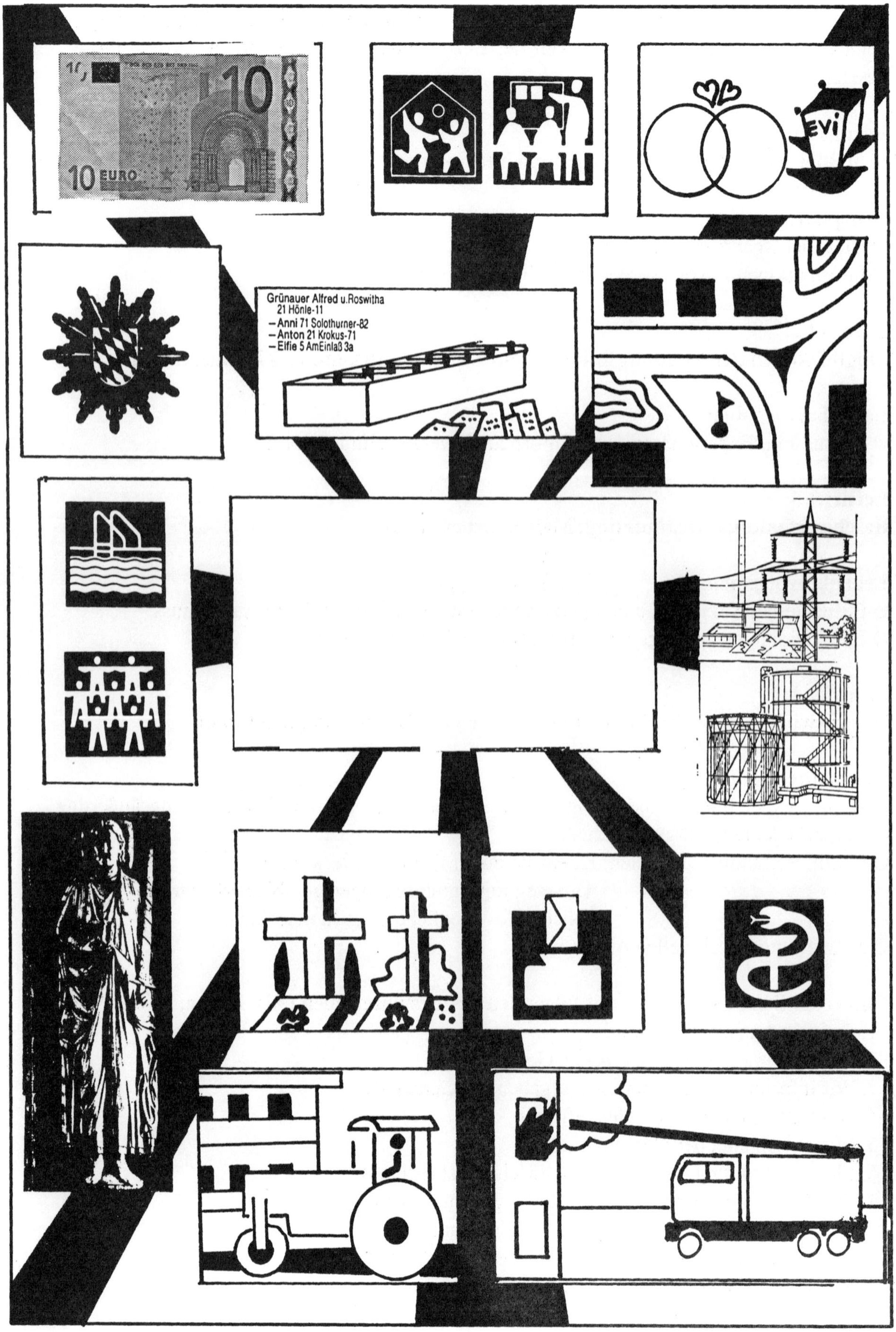

HSU	Name:	Klasse:	Datum:	Nr.

Wir informieren uns über unsere Gemeinde

1. Was ist eine Gemeinde?

O In einer Gemeinde haben sich einzelne Menschen und Familien, die an einem Ort wohnen, zu einer Gemeinschaft zusammengeschlossen.

O Eine Gemeinde ist eine Ansammlung von Kindern an einem bestimmten Ort, um dort etwas gemeinsam zu lernen.

O In einer Gemeinde haben sich nur Menschen zusammengefunden, die in einem anderen Land nicht mehr leben wollen.

2. Wie heißen die Mitglieder einer Gemeinde?

O Bürgerinnen und Bürger O Landsleute O Einwohner O Bedienstete O Leute

3. Welche Orts- bzw. Stadtteile gehören zu unserer Gemeinde/Stadt?

____

____

____

____

4. Wie viele Einwohner hat unsere Gemeinde/Stadt?

O unter 10. 000 Einwohner

O zwischen 10.000 und 20.000 Einwohner

O zwischen 20.000 und 50.000 Einwohner

O zwischen 50.000 und 100.000 Einwohner

O zwischen 100.000 und 200.000 Einwohner

O zwischen 200.000 und 500.000 Einwohner

O zwischen 500.000 und 1.000.000 Einwohner

O über eine Million Einwohner

5. Wie heißt unser Bürgermeister? Wer ist sein Stellvertreter?

____

____

6. Welche Parteien sind im Gemeinderat/Stadtrat vertreten?

____

____

____

7. Wie sieht unser Gemeindewappen aus und was bedeutet es?

____

____

____

____

HSU	Name:	Klasse:	Datum:	Nr.

Wir informieren uns über die Aufgaben der Gemeinde

Wir besuchen demnächst unsere Gemeinde- bzw. Stadtverwaltung.

1. Welche Fragen interessieren dich persönlich?

____

____

____

2. Diese Fragen könnten wir dem (Ober-)Bürgermeister stellen?

O Welche Tätigkeiten erledigt der Bürgermeister?
O Seit wann ist er Bürgermeister?
O Wie wird man Bürgermeister, Stadtrat, Gemeinderat?
O Wie hoch ist die Zahl der Stadträte, Gemeinderäte?
O Wie oft ist Gemeinderatssitzung?
O Bekommen Gemeinderäte Geld für ihr Ehrenamt?
O Was macht deM Bürgermeister derzeit Sorgen?
O Welche Probleme hat die Gemeinde?
O Welche Maßnahmen wurden in der letzten Wahlperiode durchgeführt?
O Welche Projekte sollen in nächsten Zukunft angepackt werden?

Weitere Fragen:

____

____

____

3. Fragen an die Angestellten der Gemeinde:

O Welche Ämter gibt es in der Gemeinde- bzw. Stadtverwaltung?
O Welche Aufgaben haben die Gemeindeangestellten?
O Was wird in den einzelnen Ämtern bearbeitet?
O Wie hoch ist die Einwohnerzahl der Gemeinde bzw. Stadt?
O Ist mein Name auch im Geburtenregister verzeichnet?

Weitere Fragen:

____

____

____

4. Fragen an die Gemeindekämmerin/den Gemeindekämmerer?

O Was ist ein Haushaltsplan?
O Welche Ausgaben und Einnahmen hat die Gemeinde?
O Woher kommen die Einnahmen?
O Welcher Haushaltsposten verschlingt das meiste Geld?

Weitere Fragen:

____

____

____

HSU	Name:	Klasse:	Datum:	Nr.

Unsere Gemeinde hat viele Aufgaben

Vieles, was wir heute brauchen, kann nicht jeder für sich allein erledigen. Die Gemeinde übernimmt diese Aufgaben für alle. Sie sorgt dafür, dass jedes Haus mit Wasser und Strom versorgt wird, dass eine Kanalisation vorhanden ist und dass der Abfall beseitigt wird. Unsere Kommune, ein anderes Wort für Gemeinde, lässt Straßen und Brücken bauen, sie legt Spiel- und Sportplätze an, sie richtet Schulen, Kindergärten und Büchereien ein. Sie sorgt auch für die Erholung der Gemeindemitglieder, indem sie zum Beispiel Schwimmbäder, Rad- und Wanderwege anlegen lässt. Übrigens: Eine Gemeinde kann aus wenigen tausend Einwohnern bestehen, sie kann aber auch eine Großstadt sein mit mehreren hunderttausend Einwohnern!

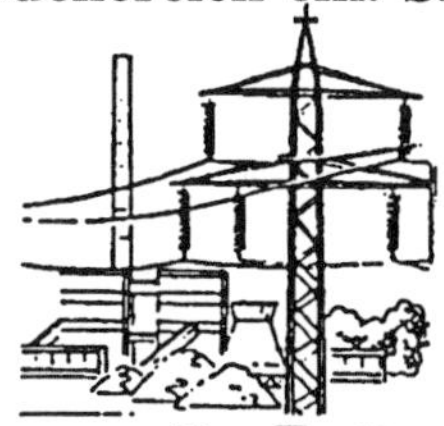

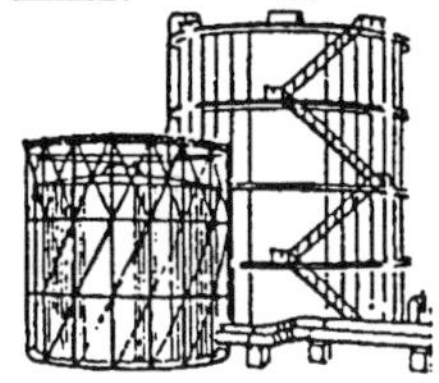

Arbeitsaufgabe:
In der linken Spalte findet ihr die verschiedenen Aufgaben der Gemeinde. Ordnet in der rechten Spalte Begriffe zu, wie die Gemeinde diesen Aufgaben nachkommt!

Stromversorgung
Wasserversorgung
Abwasserbeseitigung
Müllbeseitigung
Straßennetz
Straßenreinigung
Bildung
Schülertransport
Lernmittelfreiheit
Sport und Gesundheit
Bibliothek
Fürsorgepflicht
Totenbestattung
Verkehrssicherheit
Feuerschutz
Baugebiete
Gewerbegebiete
Spielstraßen
Kindergarten und Hort

Merke:

HSU	Name:	Klasse:	Datum:	Nr.

Lösung: Unsere Gemeinde hat viele Aufgaben

Vieles, was wir heute brauchen, kann nicht jeder für sich allein erledigen. Die Gemeinde übernimmt diese Aufgaben für alle. Sie sorgt dafür, dass jedes Haus mit Wasser und Strom versorgt wird, dass eine Kanalisation vorhanden ist und dass der Abfall beseitigt wird. Unsere Kommune, ein anderes Wort für Gemeinde, lässt Straßen und Brücken bauen, sie legt Spiel- und Sportplätze an, sie richtet Schulen, Kindergärten und Büchereien ein. Sie sorgt auch für die Erholung der Gemeindemitglieder, indem sie zum Beispiel Schwimmbäder, Rad- und Wanderwege anlegen lässt.
Übrigens: Eine Gemeinde kann aus wenigen tausend Einwohnern bestehen, sie kann aber auch eine Großstadt sein mit mehreren hunderttausend Einwohnern!

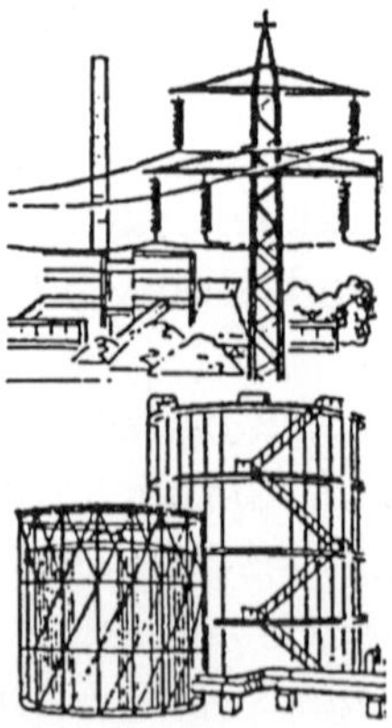

Arbeitsaufgabe:
In der linken Spalte findet ihr die verschiedenen Aufgaben der Gemeinde. Ordnet in der rechten Spalte Begriffe zu, wie die Gemeinde diesen Aufgaben nachkommt!

Stromversorgung	*Stromwerk*
Wasserversorgung	*Wasserwerk*
Abwasserbeseitigung	*Klärwerk*
Müllbeseitigung	*Müllabfuhr*
Straßennetz	*Straßenbauamt*
Straßenreinigung	*Bauhof*
Bildung	*Schule*
Schülertransport	*Schulbus*
Lernmittelfreiheit	*Haushalt*
Sport und Gesundheit	*Turnhalle und Sportplätze*
Bibliothek	*Gemeindebücherei*
Fürsorgepflicht	*Jugendhaus und Altenheim*
Totenbestattung	*Friedhof*
Verkehrssicherheit	*Schülerlotsen, Ampeln, Fußgängerüberwege*
Feuerschutz	*Freiwillige Feuerwehr*
Baugebiete	*Bauamt*
Gewerbegebiete	*Gewerbeamt*
Spielstraßen	*Flächennutzungspläne*
Kindergarten und Hort	*Betreuung*

Merke:

Die Gemeinde hat viele Aufgaben, die der Einzelne nicht allein leisten kann. Dafür bezahlen die Bürger Abgaben und Steuern. Manche Aufgaben gibt die Kommune ab.

HSU	Name:	Klasse:	Datum:	Nr.

Wie entscheidet der Gemeinderat?

Es wäre im Einzelfall unpraktisch, wenn alle Bürger einer Gemeinde sich treffen und entscheiden müssten, was die Gemeinde anschaffen und bauen kann. Kein Saal würde für die Bürger ausreichen und nur wenige kämen zu Wort. Es wäre schwierig, schnell Entscheidungen zu treffen. Deshalb wählen die Bürgerinnen und Bürger einen Gemeinderat und einen Bürgermeister, in großen Städten einen Stadtrat und einen Oberbürgermeister. Sie vertreten die Interessen der Gemeindebürger. Sie diskutieren, befragen Experten, wenn sie selbst die Fachkenntnis nicht haben, und führen für die Bürger Informationsveranstaltungen durch. Sie bilden sich, bevor sie eine Entscheidung treffen, eine Meinung. Letztlich werden alle Projekte, die in einer Gemeinde angepackt werden sollen, im Gemeinderat beraten und schließich entschieden.Dabei wird abgewogen, ob zu große Schulden gemacht werden müssen und ob alle Entscheidungen den gesetzlichen Vorgaben entsprechen. Während der Gemeinderatssitzung eröffnet der Bürgermeister die Sitzung, begrüßt die Gemeinderäte und gibt die Tagesordnung bekannt. Nach Diskussion und Meinungsbildung wird über jeden einzelnen Punkt abgestimmt. Die Mehrheit entscheidet. Bei Stimmengleichhheit ist der Antrag abgelehnt.

Arbeitsaufgabe:
Klebt hier die Bilder in der richtigen Reihenfolge ein!

Bürgermeister:
leitet die Sitzung, bei Stimmengleichheit ist der Antrag abgelehnt

Gemeinderäte:
bilden sich eine Meinung, vertreten die Interessen der Bürger, treffen Entscheidungen

Sitzung:
diskutieren, beraten, Kompromisse suchen, vertagen, an Ausschuss delegieren, abstimmen

Zuschauer/Presse:
beobachten, berichten, informieren die Bürger

Tagesordnung:
Genehmigung des Protokolls der letzten Sitzung

Die meisten Sitzungen sind öffentlich. Dort kann jeder Bürger, der will, zuhören. Abstimmen dürfen nur die Gemeinderäte und der Bürgermeister. Die Bürger haben sie als ihre Vertreter gewählt und vertrauen ihnen. Alle sechs Jahre werden die Kommunalparlamente, so heißen die Gemeinde- und Stadträte, gewählt. Jeder Bürger ist dann wieder aufgerufen, seine Gemeindevertreter neu zu bestimmen.

HSU	Name:	Klasse:	Datum:	Nr.

Lösung: Wie entscheidet der Gemeinderat?

Stimmen folgende Aussagen? Kreuzt die falsche Aussage durch!

O Die Bürgerinnen und Bürger wählen einen Gemeinderat und einen Bürgermeister, in großen Städten einen Stadtrat und einen Oberbürgermeister.
O Die Gemeinde- und Stadträte diskutieren, befragen Experten, wenn sie selbst die Fachkenntnis nicht haben, und führen für die Bürger Informationsveranstaltungen durch.
O Die Gemeinde- und Stadträte bilden sich, bevor sie eine Entscheidung treffen, eine Meinung.
O Der Gemeinde- und Stadtrat berät und entscheidet.
O Der Bürgermeister entscheidet stets allein oder fragt den Gemeinderat um seine Meinung.

Arbeitsaufgabe:
Schneidet die Bilder aus und klebt sie in der richtigen Reihenfolge ein!

Bürgermeister:
leitet die Sitzung, bei Stimmengleichheit ist der Antrag abgelehnt

Gemeinderäte:
bilden sich eine Meinung, vertreten die Interessen der Bürger, treffen Entscheidungen

Sitzung:
diskutieren, beraten, Kompromisse suchen, vertagen, an Ausschuss delegieren, abstimmen

Zuschauer/Presse:
beobachten, berichten, informieren die Bürger

Tagesordnung:
Genehmigung des Protokolls der letzten Sitzung

Welche Aussagen stimmen?

O Die meisten Sitzungen sind geheim.
O Die meisten Sitzungen sind nicht-öffentlich.
O Alle sechs Jahre werden die Kommunalparlamente gewählt.
O Alle vier Jahre werden die Kommunalparlamente gewählt.
O Alle acht Jahre werden die Kommunalparlamente gewählt.

HSU	Name:	Klasse:	Datum:	Nr.

Meinungsbildung - Abstimmung - Mehrheitsbeschluss

Das Wort „**Demokratie**" kommt aus der griechischen Sprache und heißt soviel wie „**Herrschaft des Volkes**". In einer Gemeinderatssitzung könnt ihr beobachten, wie Entscheidungen, die eine ganze Gemeinde betreffen, gefällt werden. Diese Entscheidungen werden demokratisch getroffen. Wie das funktioniert, zeigt dir dieses Arbeitsblatt:

1. Meinungsbildung

Bevor der Gemeinderat zu einer endgültigen Entscheidung kommt, ist noch viel Arbeit im Gemeindeparlament zu erledigen. Wichtige Aufgaben des Gemeinderats sind ...
O Ortsbegehungen O Debatten O Beratungen O Stammtische O Kegelabende
O Expertenbefragung O Informationsveranstaltungen für die Bürgerinnen und Bürger

2. Diskussion

Jeder Gemeinderat bildet sich im Laufe der demokratischen Entscheidungsfindung eine Meinung. Diese Meinung tut er innerhalb einer Diskussion kund. Interessenkonflikte müssen dabei demokratisch gelöst werden.
Er diskutiert als ...
O Privatmann O Einzelperson O Mitglied einer Partei O Mitglied einer Fraktion aus zwei oder drei Parteien O Ausschussmitglied O Mitglied eines Interessenverbandes

3. Zusammenarbeit mit Sachverständigen

Manchmal bringt der Gemeinderat allein nicht die nötige Sachkenntnis mit. Dann arbeitet er mit Fachbehörden oder Fachleuten zusammen, die mit ihrem Wissen die Meinungsbildung der Gemeindevertreter unterstützen.
Solche Fachbehörden und Fachleute sind ...
O Architekten für Bebauungspläne und öffentliche Bauten O Fernsehanstalten
O Ingenieurbüros für technische Detailfragen O Flugzeugpiloten O Hausfrauen
O Wasserwirtschaftsämter O Landratsämter O Landesregierungen O Gaststätten
O Umweltschutzbehörden O Vermessungsämter O Kirchen O Gerichte

4. Beschlussfassung

Nach der Beratung folgt die Abstimmung. Die Mehrheit der Stimmen entscheidet. Die Entscheidungen werden von allen in demokratischer Form akzeptiert. Diese Entscheidungen gelten allerdings immer nur als Regelung auf bestimmte Zeit. Sollte später ein anderer Bürgermeister und/ oder eine andere Gemeinderatsmehrheit in einem wichtigen Punkt anderer Meinung sein, so kann eine frühere Entscheidung rückgängig gemacht werden.

5. Wissenstest

Streicht Begriffe, die nichts mit unserem Thema zu tun haben, durch. Erkläre die Fachausdrücke!

Protokoll
Umweltschutzkonferenz
Tagesordnung
Bundestag
Beschlussfähigkeit
Abstimmung
Mehrheitsbeschluss
demokratisch
Menschenrechte
Bundesrat

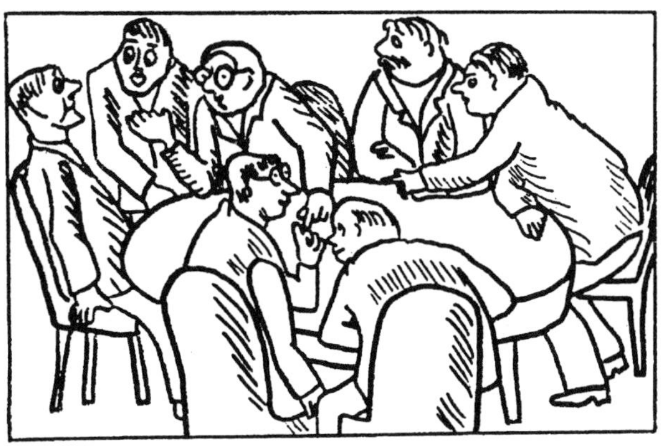

HSU	Name:	Klasse:	Datum:	Nr.

Lö.: Meinungsbildung - Abstimmung - Mehrheitsbeschluss

Das Wort „**Demokratie**“ kommt aus der griechischen Sprache und heißt soviel wie „**Herrschaft des Volkes**“. In einer Gemeinderatssitzung könnt ihr beobachten, wie Entscheidungen, die eine ganze Gemeinde betreffen, gefällt werden. Diese Entscheidungen werden demokratisch getroffen. Wie das funktioniert, zeigt dir dieses Arbeitsblatt:

1. Meinungsbildung

Bevor der Gemeinderat zu einer endgültigen Entscheidung kommt, ist noch viel Arbeit im Gemeindeparlament zu erledigen. Wichtige Aufgaben des Gemeinderats sind ...

X Ortsbegehungen **X Debatten** **X Beratungen** O Stammtische O Kegelabende
X Expertenbefragung **X Informationsveranstaltungen für die Bürgerinnen und Bürger**

2. Diskussion

Jeder Gemeinderat bildet sich im Laufe der demokratischen Entscheidungsfindung eine Meinung. Diese Meinung tut er innerhalb einer Diskussion kund. Interessenkonflikte müssen dabei demokratisch gelöst werden.
Er diskutiert als ...

O Privatmann **X Einzelperson** **X Mitglied einer Partei** **X Mitglied einer Fraktion aus zwei oder drei Parteien** **X Ausschussmitglied** **X Mitglied eines Interessenverbandes**

3. Zusammenarbeit mit Sachverständigen

Manchmal bringt der Gemeinderat allein nicht die nötige Sachkenntnis mit. Dann arbeitet er mit Fachbehörden oder Fachleuten zusammen, die mit ihrem Wissen die Meinungsbildung der Gemeindevertreter unterstützen.
Solche Fachbehörden und Fachleute sind ...

X Architekten für Bebauungspläne und öffentliche Bauten O Fernsehanstalten
X Ingenieurbüros für technische Detailfragen O Flugzeugpiloten O Hausfrauen
X Wasserwirtschaftsämter **X Landratsämter** **X Landesregierungen** O Gaststätten
X Umweltschutzbehörden **X Vermessungsämter** O Kirchen O Gerichte

4. Beschlussfassung

Nach der Beratung folgt die Abstimmung. Die Mehrheit der Stimmen entscheidet. Die Entscheidungen werden von allen in demokratischer Form akzeptiert. Diese Entscheidungen gelten allerdings immer nur als Regelung auf bestimmte Zeit. Sollte später ein anderer Bürgermeister und/ oder eine andere Gemeinderatsmehrheit in einem wichtigen Punkt anderer Meinung sein, so kann eine frühere Entscheidung rückgängig gemacht werden.

5. Wissenstest

Streicht Begriffe, die nichts mit unserem Thema zu tun haben, durch. Erkläre die Fachausdrücke!

Protokoll
~~Umweltschutzkonferenz~~
Tagesordnung
~~Bundestag~~
Beschlussfähigkeit
Abstimmung
Mehrheitsbeschluss
demokratisch
~~Menschenrechte~~
~~Bundesrat~~

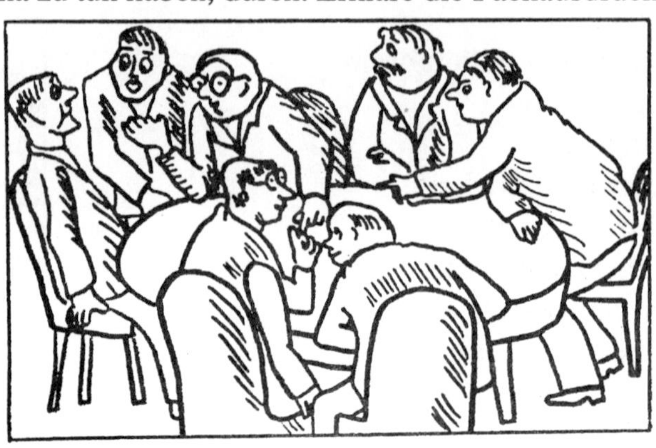

HSU	Name:	Klasse:	Datum:	Nr.

So können die Bürger bei Entscheidungen mitwirken!

Jeder Gemeindebürger hat die Möglichkeit, bei der Entscheidungsfindung demokratisch mitzuwirken. Dabei gibt es folgende Möglichkeiten:

____

____

Dass die Bürger aktiv an demokratischen Entscheidungen mitwirken können, steht in den Gemeindeverordnungen. Hier ein Auszug:

In jeder Gemeinde hat der erste Bürgermeister mindestens einmal jährlich, auf Verlangen des Gemeinderats auch öfter, eine Bürgerversammlung zur Erörterung gemeindlicher Angelegenheiten einzuberufen. Das Wort können grundsätzlich nur Gemeindebürger erhalten. Ausnahmen kann die Bürgerversammlung beschließen.
Den Vorsitz in der Versammlung führt der erste Bürgermeister oder ein von ihm bestellter Vertreter.
In größeren Gemeinden sollen Bürgerversammlungen auf Teile des Gemeindegebiets beschränkt werden.
Empfehlungen der Bürgerversammlung müssen innerhalb einer Frist von drei Monaten vom Gemeinderat behandelt werden.

In Stadtgemeinden

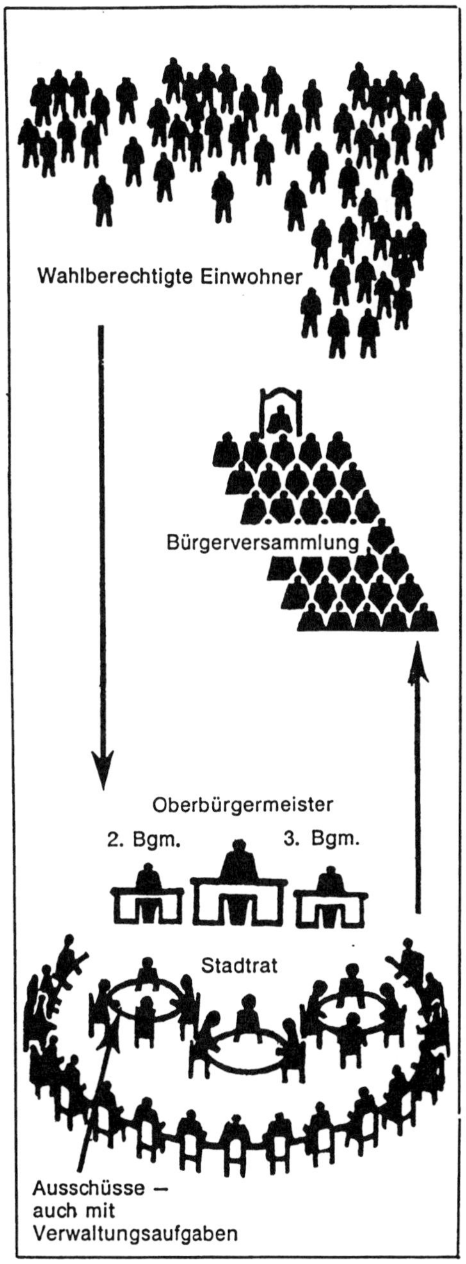

Die Bürgerversammlung ist ein Treffpunkt für alle Meinungen:

____

____

____

____

____

____

Auch hier können sich Gemeindebürger informieren und mitarbeiten:

____

Jeder Bürger kann mit Mandatsträgern reden.

Merke:

____

____

____

____

____

HSU	Name:	Klasse:	Datum:	Nr.

So können die Bürger bei Entscheidungen mitwirken!

Jeder Gemeindebürger hat die Möglichkeit, bei der Entscheidungsfindung demokratisch mitzuwirken. Dabei gibt es folgende Möglichkeiten:

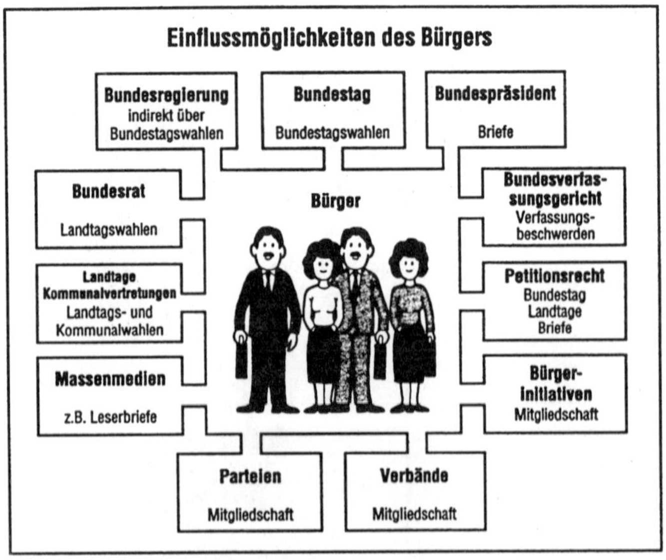

In Landgemeinden

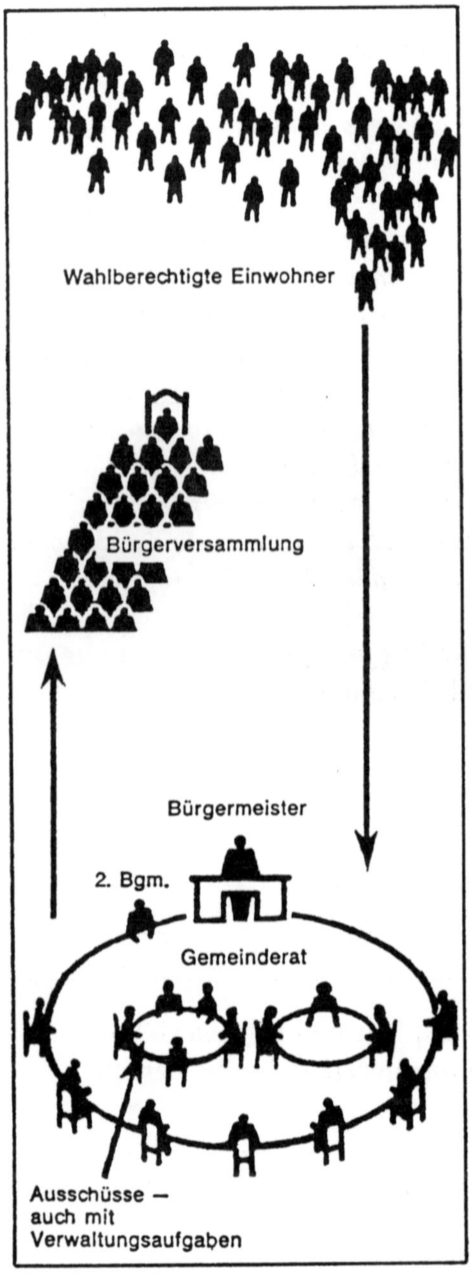

Die Bürgerversammlung ist ein Treffpunkt für alle Meinungen:

Auch hier können sich Gemeindebürger informieren und mitarbeiten:

Jeder Bürger kann mit Mandatsträgern reden.

Merke:

HSU	Name:	Klasse:	Datum:	Nr.

Lö.: So können die Bürger bei Entscheidungen mitwirken!

Jeder Gemeindebürger hat die Möglichkeit, bei der Entscheidungsfindung demokratisch mitzuwirken. Dabei gibt es folgende Möglichkeiten:

Parteien, Verbände, Bürgerinitiativen,
Interessengruppen, Vereine, Kirchen ...

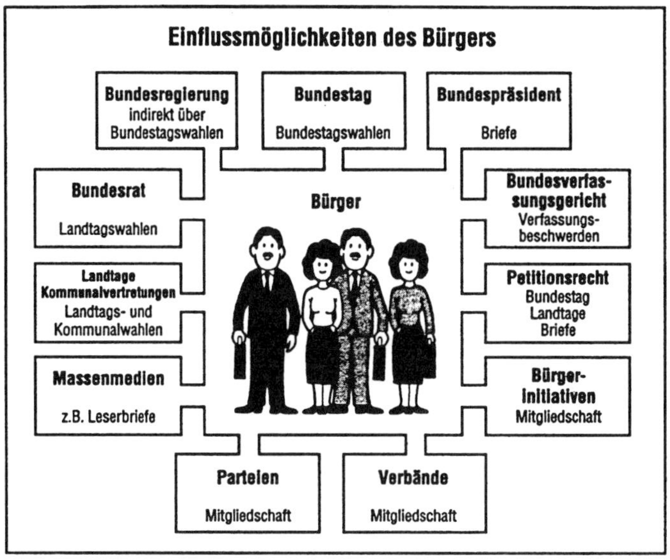

In Landgemeinden

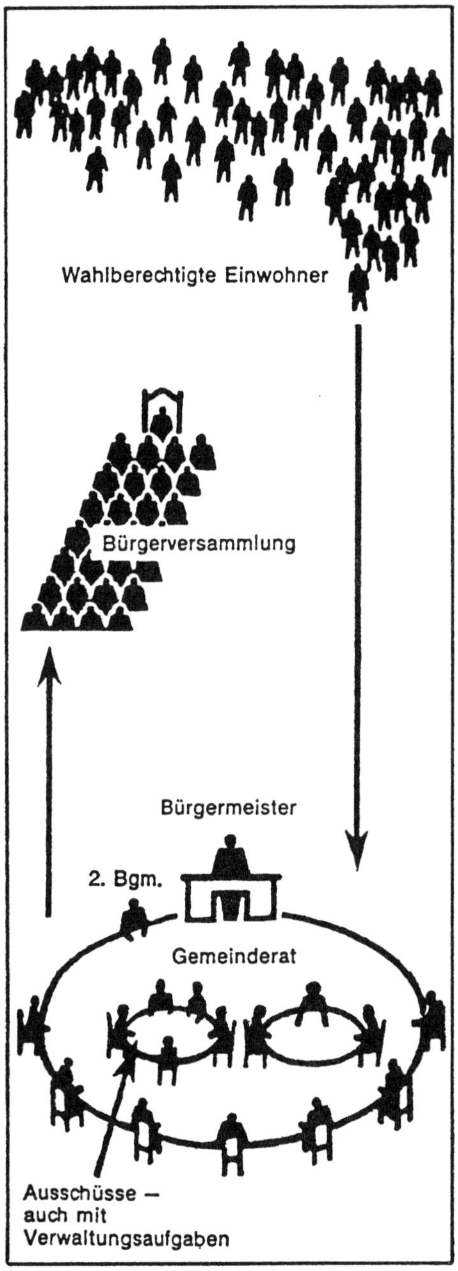

Die Bürgerversammlung ist ein Treffpunkt für alle Meinungen:

Befürworter und Gegner einer Sache kommen zu Wort, Austausch von Argumenten und Gegenargumenten, Diskussion

Auch hier können sich Gemeindebürger informieren und mitarbeiten:

Stadtrats- und Gemeinderatssitzungen

Jeder Büger kann mit den Mandatsträgern reden.

Merke:

Jeder Gemeindebürger kann
O seine Einzelmeinung öffentlich in Bürgerversammlungen kundtun
O in Interessengemeinschaften mitarbeiten
O sein Anliegen Mandatsträgern erklären
O schriftliche Eingaben abgeben
O ihm wichtige Politiker oder Parteien seine Stimme bei der Wahl geben

HSU	Name:	Klasse:	Datum:	Nr.

Bürgerinitiative - Bürgerbegehren - Bürgerentscheid

Die Bürger in unseren Gemeinden sind in den letzten Jahren kritischer, selbstbewusster, leider auch egoistischer geworden. Dabei muss aber das Wohl aller Gemeindebürger nicht leiden, wenn sich die jeweils Betroffenen zu Wort melden und ihre Interessen durchsetzen wollen. Deshalb sind **Bürgerinitiativen** ein Bestandteil unseres demokratischen Alltags geworden, obwohl manche Politiker sie nicht gerne sehen. Hingegen sind für die Bürger Bürgerinitiativen oft ein Mittel, um gegen eine übermächtig erscheinende Bürokratie vorzugehen.

Bürgerinitiativen hinterfragen bestimmte Entscheidungen des Gemeinderats, bieten Hilfestellung und Mitarbeit an und versuchen die ihrer Meinung nach bessere Lösung des Problems zu erreichen. Bürgerinitiativen setzen sich z. B. für Umgehungsstraßen, Denkmalpflege, Naturschutz oder Fahrradwege ein. Ebenso möglich ist, dass sich Bürgerinitiativen z. B. gegen Umgehungstraßen, gegen Denkmalpflege oder gegen Fahrradwege in bestimmten Fällen aussprechen. Das hängt jeweils immer von der persönlichen oder sachlichen „Betroffenheit" der Einzelnen ab.Oft entstehen Bürgerinitiativen, weil Gemeinderäte die betroffenen Bürger nicht rechtzeitig über die Ziele, die Durchführung und die zu erwartenden Auswirkungen eines Plans oder eines Projekts informieren.

Wichtig ist zu wissen, dass Bürgerinitiativen die demokratisch gewählten Gemeinderäte weder ersetzen noch umgehen, allenfalls ergänzen dürfen. Nur der Bürgermeister und der Gemeinderat tragen die alleinige politische Verantwortung. Dafür haben sie bei der Wahl durch die Gemeindebürger ihr Mandat (=Auftrag) bekommen.

Darüber hinaus gibt es als demokratische Form der Bürgerbeteiligung an politischen Entscheidungen das **Bürgerbegehren** und den **Bürgerentscheid**. Bei diesem Verfahren sind alle Bürger einer Gemeinde aufgerufen, wie bei einer Wahl, ihre Stimme im Wahllokal abzugeben. Meist ist zwischen zwei Vorschlägen abzustimmen, wobei ein Vorschlag von der Gemeinde selbst zur Abstimmung steht, der andere Vorschlag meist von einem großen Teil der Gemeindebürger stammt, die etwas gegen die Kommune durchsetzen wollen oder mit einer wichtigen Entscheidung so nicht einverstanden sind.

Diese Formen demokratischen Mitregierens des Bürgers in der Gemeinde heißt Basisdemokratie. Vorbild dafür ist das alte Athen in Griechenland, wo erstmals vor über 2000 Jahren die Athener selbst über ihre politischen Angelegenheiten befanden und Verfahrensformen fanden, die bis heute gelten:

O Herrschaft geht vom Volk aus, nicht von einem Alleinherrscher
O politische Macht wird vom Volk durch Wahlen auf Politiker übertragen
O Macht ist durch Wahlen zeitlich begrenzt
O Politiker werden durch Abwahl kontrolliert
O Nur wer gut regiert, kann wiedergewählt werden

In deiner späteren Schullaufbahn wirst du noch viele Beispiele kennen lernen, wie modern damals bereits die Athener Demokratie war und wie oft in den Jahrhunderten Alleinherrscher und Diktatoren die demokratischen Spielregeln außer Kraft gesetzt haben.

Übrigens: Wer in der Kommunalpolitik tätig ist, ob Stadt- und Gemeinderäte, alle arbeiten meist ehrenamtlich für unseren Staat. Das heißt, sie opfern ihre Freizeit für die Allgemeinheit und bemühen sich in der Regel um die Belange aller. Die Gemeinde ist die kleinste Zelle im staatlichen Gebilde, das auch Gesellschaft, Volk oder Nation heißt. Hier müssen alle zunächst lernen, dass aber nicht alles Mögliche auch machbar ist. Zu gerne hätten die Bürger in ihrer Kommune ein Schwimmbad, Sportanlagen, best ausgestattete Schulen usw. In der Gemeinde kann wie überall nur soviel Geld ausgegeben werden, was von der Gemeinde eingenommen wird. In der Kommunalpolitik lernen Bürger aber auch, mit Enttäuschungen und Niederlagen umzugehen. Nicht jeder Kandidat auf einer Parteiliste schafft den Sprung ins Gemeindeparlament, nicht jeder dringend notwendige Kinderspielplatz kann fianziert werden, nicht jedes Bürgerbegehren ist erfolgreich, nicht jeder Bürgermeister wird wiedergewählt.

HSU	Name:	Klasse:	Datum:	Nr.

Fragen:
Bürgerinitiative - Bürgerbegehren - Bürgerentscheid

1. Welche Form der Bürgerbeteiligung ist Bestandteil unseres demokratischen Alltags geworden?

O Stammtische O Bürgerproteste O Bürgerbefreiungen O Bürgerinitiativen

2. Welche Ziele verfolgen Bürgerinitiativen?

O Bürgerinitiativen hinterfragen bestimmte Entscheidungen des Gemeinderats
O Bürgerinitiativen boykottieren jede Entscheidung des Gemeinde- oder Stadtrats
O Bürgerinitiativen bieten Hilfestellung und Mitarbeit an
O Bürgerinitiativen versuchen die ihrer Meinung nach bessere Lösung des Problems zu erreichen

3. Stimmt diese Aussage? O ja O nein

Oft entstehen Bürgerinitiativen, weil Gemeinderäte die betroffenen Bürger nicht rechtzeitig über die Ziele, die Durchführung und die zu erwartenden Auswirkungen eines Plans oder eines Projekts informieren.

4. Kreuzt die richtigen Aussagen an!

O Bürgerinitiativen dürfen die demokratisch gewählten Gemeinderäte nicht ersetzen
O Bürgerinitiativen dürfen die demokratisch gewählten Gemeinderäte nicht umgehen
O Bürgerinitiativen dürfen die demokratisch gewählten Gemeinderäte nicht ergänzen

5. Wer trägt in der Kommunalpolitik die Verantwortung?

O Bürgermeister O Gemeinderat O Gemeindeverwaltung O Gemeindebürger

**6. Politiker bekommen vom Wähler bei der Wahl einen Auftrag.
Das passende Fremdwort dafür ist ...**

O Parlament O Demokratie O Mandat O Mandala O Stichwahl O Diktatur

7. Welche demokratischen Formen der Bürgerbeteiligung an politischen Entscheidungen gibt es?

O Bürgerprotest O Bürgerprozess O Bürgerbegehren O Bürgerentscheid

8. Wann und wo wurde erstmals die Basisdemokratie geschaffen?

O im alten Athen vor über 2000 Jahren O im alten Rom vor über 2000 Jahren

9. Welche Aussage passt nicht zu den Grundsätzen der Demokratie? Kreuze an!

O Die Herrschaft geht vom Volk aus, nicht von einem Alleinherrscher.
O Die politische Macht wird vom Volk durch Wahlen auf Politiker übertragen.
O Politische Macht ist durch Wahlen zeitlich begrenzt.
O Politiker werden durch Abwahl kontrolliert.
O Jeder Bürger, wenn es ihm nicht passt, den Bürgermeister absetzen.
O Nur wer gut regiert, kann wiedergewählt werden.

10. Im folgenden Text haben sich 10 Fehler eingeschlichen. Markiere sie mit Rotstift!

Wer in der Kommunalpolitik tätig ist, ob Stadt- oder Gemeinderäte, alle arbeiten meist hauptamtlich für unseren Staat. Das heißt, sie opfern ihre Arbeitszeit für die Allgemeinheit und bemühen sich in der Regel um die Belange aller. Die Gemeinde ist die größte Zelle im staatlichen Gebilde, das auch Gesellschaft, Volk oder Station heißt. Hier müssen alle zunächst lernen, dass nicht alles Mögliche auch machbar ist. Zu gerne hätten die Bürger in ihrer Kolumne ein Schwimmbad, Sportanlagen, schlecht ausgestattete Schulen usw. In der Gemeinde kann wie überall nur soviel Obst ausgegeben werden, was von der Gemeinde eingenommen wird. In der Kommunalpolitik lernen Bürger aber auch, mit Enttäuschungen und Niederlagen umzugehen. Nicht jeder Kanister auf einer Parteiliste schafft den Sprung ins Gemeindeparlament, nicht jeder dringend notwendige Erwachsenenspielplatz kann finanziert werden, nicht jedes Bürgerbegehren ist erfolgreich, nicht jeder Handwerksmeister wird wiedergewählt.

HSU	Name:	Klasse:	Datum:	Nr.

Lösung:
Bürgerinitiative - Bürgerbegehren - Bürgerentscheid

1. Welche Form der Bürgerbeteiligung ist Bestandteil unseres demokratischen Alltags geworden?

O Stammtische O Bürgerproteste O Bürgerbefreiungen **X Bürgerinitiativen**

2. Welche Ziele verfolgen Bürgerinitiativen?

X Bürgerinitiativen hinterfragen bestimmte Entscheidungen des Gemeinderats

~~O Bürgerinitiativen boykottieren jede Entscheidung des Gemeinde- oder Stadtrats~~

X Bürgerinitiativen bieten Hilfestellung und Mitarbeit an

X Bürgerinitiativen versuchen die ihrer Meinung nach bessere Lösung zu erreichen

3. Stimmt diese Aussage? X ja O nein

Oft entstehen Bürgerinitiativen, weil Gemeinderäte die betroffenen Bürger nicht rechtzeitig über die Ziele, die Durchführung und die zu erwartenden Auswirkungen eines Plans oder eines Projekts informieren.

4. Kreuzt die richtigen Aussagen an!

X Bürgerinitiativen dürfen die demokratisch gewählten Gemeinderäte nicht ersetzen

X Bürgerinitiativen dürfen die demokratisch gewählten Gemeinderäte nicht umgehen

O Bürgerinitiativen dürfen die demokratisch gewählten Gemeinderäte nicht ergänzen

5. Wer trägt in der Kommunalpolitik die Verantwortung?

X Bürgermeister X Gemeinderat O Gemeindeverwaltung O Gemeindebürger

**6. Politiker bekommen vom Wähler bei der Wahl einen Auftrag.
Das passende Fremdwort dafür ist ...**

O Parlament O Demokratie **X Mandat** O Mandala O Stichwahl O Diktatur

7. Welche demokratischen Formen der Bürgerbeteiligung an politischen Entscheidungen gibt es?

O Bürgerprotest O Bürgerprozess **X Bürgerbegehren X Bürgerentscheid**

8. Wann und wo wurde erstmals die Basisdemokratie geschaffen?

X im alten Athen vor über 2000 Jahren O im alten Rom vor über 2000 Jahren

9. Welche Aussage passt nicht zu den Grundsätzen der Demokratie? Kreuze an!

O Die Herrschaft geht vom Volk aus, nicht von einem Alleinherrscher.

O Die politische Macht wird vom Volk durch Wahlen auf Politiker übertragen.

O Politische Macht ist durch Wahlen zeitlich begrenzt.

O Politiker werden durch Abwahl kontrolliert.

X ~~Jeder Bürger, kann wenn es ihm nicht passt, den Bürgermeister absetzen.~~

O Nur wer gut regiert, kann wiedergewählt werden.

10. Im folgenden Text haben sich 10 Fehler eingeschlichen. Markiere sie mit Rotstift!

Wer in der Kommunalpolitik tätig ist, ob Stadt- oder Gemeinderäte, alle arbeiten meist **ehren**amtlich für unseren Staat. Das heißt, sie opfern ihre **Frei**zeit für die Allgemeinheit und bemühen sich in der Regel um die Belange aller. Die Gemeinde ist die **kleinste** Zelle im staatlichen Gebilde, das auch Gesellschaft, Volk oder **Nation** heißt. Hier müssen alle zunächst lernen, dass nicht alles Mögliche auch machbar ist. Zu gerne hätten die Bürger in ihrer **Kommune** ein Schwimmbad, Sportanlagen, **gut** ausgestattete Schulen usw. In der Gemeinde kann wie überall nur soviel **Geld** ausgegeben werden, was von der Gemeinde eingenommen wird. In der Kommunalpolitik lernen Bürger aber auch, mit Enttäuschungen und Niederlagen umzugehen. Nicht jeder **Kandidat** auf einer Parteiliste schafft den Sprung ins Gemeindeparlament, nicht jeder dringend notwendige **Kinder**spielplatz kann finanziert werden, nicht jedes Bürgerbegehren ist erfolgreich, nicht jeder **Bürgermeister** wird wiedergewählt.

HSU	Name:	Klasse:	Datum:	Nr.

Mitwirkungsmöglichkeiten und Grenzen des Bürgers

In der Demokratie können die Bürger an politischen Entscheidungen mitwirken, ihre Mitwirkung hat aber auch Grenzen.

Arbeitsaufgabe: *Diskutiert die Meinungen folgender Bürger! Wie denkt ihr darüber?*

Frau Manhart:
„Ich finde es gut, wenn Politiker nur auf Zeit gewählt werden. Damit kann der Wähler alle 4 Jahre im Bundestag und im Landtag, alle 6 Jahre in den Gemeinden die Volksvertreter wählen. Und wenn sie schlechte Arbeit geleistet haben, kann ich meine Stimme einem anderen Kandidaten oder einer anderen Partei geben. Egal ob Bundeskanzler, Ministerpräsident oder Bürgermeister, der Wähler hat das letzte Wort. Da lässt sich schon was kontrollieren. Vertrauen ist gut, Kontrolle ist besser."

Herr Zauchner:
„Ich bin Gemeinderat. Die Bürger meinen immer, dass alles möglich und machbar ist in der Demokratie. Leider ist das nicht so. Oft fehlt in den Staatskassen das Geld, um Kindergärten, Schulen oder Sportanlagen zu bauen. Da müssen wir dann Prioritäten setzen. Klar, wenn wir uns für den Ausbau von Radwegen entscheiden und viel Geld dort investieren, schreien z. B. die Autofahrer auf, weil wir Innerortsstraßen ihrer Meinung nach nicht autogerecht ausbauen. Stets müssen wir Interessenkonflikte ausgleichen. Benachteiligt fühlt sich immer eine Einzelperson oder eine Einzelgruppe, wenn wir ein Großprojekt durchziehen wollen, das Vorteile für die Gesamtheit bringen soll. Da sind dann Einzelproteste sehr, sehr laut! Aber das allgemeine Interesse erfordert, dass der Einzelne auch einmal zurücksteht."

Frau Helm:
„Für den Umweltschutz wird in unserer Gemeinde überhaupt nichts getan. Der Bürgermeister baut lieber Straßen, erschließt Baugebiete noch und nöcher, siedelt Industrie an und kümmert sich um den Fremdenverkehr. Wichtig sind im Arbeitsplätze und Steuereinnahmen. Aber dafür opfert er wunderbare Streuobst- und Feuchtwiesen, Feldgehölze, Bachauen und Laubwaldstücke.
Deshalb haben wir eine Bürgerinitiative „Rettet Grün in Grunertshofen!" gegründet. Morgen findet vor der Post unsere erste Protestveranstaltung mit Unterschriftenaktion statt. Wir werden dem Gemeinderat eine schriftliche Eingabe überreichen, damit endlich der Bauwahn in unserer Gemeinde aufhört. Ich bin sicher, dass viele Bürgerinnen und Bürger unserem Aufruf folgen."

Herr Heinrich:
„Ich finde die Direktbeteiligung der Bürger bei wichtigen politischen Entscheidungen nicht wichtig. Was sollen Bürgerinitiativen, Bürgerbegehren und Bürgerentscheid, wenn wir doch gewählte Politiker haben. Der Bürgermeister und der Gemeinderat werden schon wissen, was für die Kommune wichtig ist. Der Ministerpräsident wird schon wissen, was für das Land wichtig ist. Der Bundeskanzler weiß auch, was für Deutschland wichtig ist. Also, was soll das mit der Basisdemokratie! Schwachsinn! - Jedes Volk verdient die Politiker, die es sich selbst gewählt hat!"

Thomas, Jungwähler:
„Ich bin nicht mit allem einverstanden, was die Politiker so entscheiden. Da mach ich gerne bei Volksbegehren mit. Ich gebe da schon meine Stimme ab. Man muss den Politikern auf die Finger schauen, kontrollieren was sie auch während der Amtszeit machen. Eine Wiederwahl alle 4 Jahre verhindern durch die eigene Stimme, ist mir zu wenig. Ich arbeite jetzt bei einer Partei mit. Da kann ich noch besser meine Anschauung verwirklichen. Es ist doch so, dass viele meiner Freunde mit Politik nichts am Hut haben. Sie heben nicht ihren Hintern für die Allgemeinheit. Und: Sie mögen Politiker nicht, weil sie viel Geld verdienen und wenig tun. Es geht den Volksvertretern heute doch nur um Macht, Einfluss und dicke Kohle. Der kleine Mann zahlt mit Steuern und Abgaben die aufgeblähte Bürokratie. Deshalb sollten alle jungen Leute in der Politik mitmachen. Wenn wir dann soweit sind, könnte es ja besser werden, oder?"

HSU	Name:	Klasse:	Datum:	Nr.

Planspiel: Braucht Westenried die Westumgehung?

Im Westen der Gemeinde Westenried soll eine große Umgehungsstraße gebaut werden, damit der Innerortsverkehr nicht mehr über den mittelalterlichen Marktplatz rollt.

Die Befürworter der Westumgehung sagen:

O Abgase, Lärm und Staus im Innenbereich hören auf
O Weniger Gefahren für Fußgänger, Senioren und Kinder
O Lebensqualität der Anwohner steigt, z. B. durch Fußgängerzone
O Umwelt- und Denkmalschutz wird verbessert

Die Gegner der Westumgehung sagen:

O Fremdenverkehr sinkt, damit weniger Gäste, damit weniger Gewerbesteuer
O sinkende Kundenzahl bei den Geschäften
O Weniger Einnahmen im Innenbereich
O Arbeitsplatzverluste

Jeder Bürger soll nun bei einem Bürgerbegehren seine Meinung durch Abstimmung kundtun.

Arbeitsaufgaben:

1. *Formuliert als Befürworter der Umgehungsstraße einen kurzen Aufruf, z. B. als Leserbrief für die Lokalzeitung oder für einen Flyer!*
2. *Nennt Gründe, warum du ein Gegner der Westumgehung bist!*

WESTUMGEHUNG - JA! JA! JA!	WESTUMGEHUNG? NEIN DANKE!

HSU	Name:	Klasse:	Datum:	Nr.

Presse-Echo: Westumgehung Westenried

In der Demokratie spielt die Presse eine wichtige Rolle, weil sie Meinungen veröffentlicht, Meinungen diskutiert. Auch Bürger können sich in der Lokalpresse, z. B. durch Leserbriefe Gehör verschaffen.

Arbeitsaufgabe:

1. Lest das Presse-Echo zur Westumgehung Westenried!
2. Diskutiert die dort geäußerten Meinungen!
3. Wie denkt ihr darüber, wenn ihr selbst in Westenried wohnen würdet?

Gerüchteküche brodelt: Aufgebrachte Bürger diskutieren Ortsumgehung
Massiver Widerstand: Westumgehung ein Verrat an der Bevölkerung!

Der Leser hat das Wort:
„Der *Gemeinderat ist dabei, eine Todsünde, die sich auf Generationen hinaus rächt, zu begehen. Die Westumgehung soll eine Verkehrsstraße werden, die den Verkehr aus dem Ortskern ableitet, aber ihn an bereits beauten herrlichen Einfamilienhaus-Siedlungen vorbeiführt. Andere Gemeinden pflanzen Bäume, legen Seen an und begrünen Grauflächen. Unsere Gemeindeväter zerstören ein Paradies, in dem Bäume gefällt, Bäche zugeschüttet und Grau- statt Grünflächen geschaffen werden. Vom Lärm und den Autoabgasen ganz zu schweigen! Michael M. (34)*

Schreiben an Bürgermeister und Gemeinderat: Westumgehung einzig richtige Entscheidung!

„Lastwagenverkehr raus aus dem Ortskern!“ fordern Befürworter der Westumgehung

Landwirte geschlossen gegen die Westumgehung
350 Unterschriften schon gesammelt

Gegner der Westumgehung bekunden Einigkeit
Sachliche Aussprache im vollbesetzten Schützensaal

Bei Bürgerversammlung massive Einwände
Die meisten der 300 Besucher bei der Diskussion um die Westumgehung waren Gegner
Westenried. Bürgermeister W. hatte während der letzen Bürgerversammlung einen schweren Stand, als er die Planung der Westumgehung erstmals der Öffentlichkeit vorstellen wollte. Die Gegner händigten ihm 350 Unterschriften gegen das neue Bauprojekt aus und meldeten sich auch sonst lautstark zu Wort. Die Gründe wiederholten sich: Landschaftszerstörung, Verkehrslärm, Eingriffe in ruhige Wohnsiedlungsgebiete, Abgase. Vereinzelt kamen Argumente von Westumgehungsbefürwortern: Ableitung des Innerortsverkehrs nach außen, weniger Lärm und Abgase, mehr Sicherheit für Fußgänger und Radfahrer im Innerortsbereich, bessere Parkmöglichkeiten bei Einkäufen, mehr Wohnqualität. Besonders beeindruckend war die Schilderung einer Bürgerinitiative, die aus Mitgliedern aller Parteien besteht, zur Verkehrsberuhigung im Ortskern. Sie stellte Antrag auf Einrichtung einer Fußgängerzone mit Brunnen, Grünflächen für spielende Kinder und Bau einer Tiefgarage.
Die Pläne der Westumgehung wurden von einem Vertreter des Straßenbauamts aus regionaler und überregionaler Sicht erläutert. Die Nachbargemeinden würden es gerne sehen, wenn die Autofahrer sich nicht mehr in den Morgen- und Abendstunden durch das Nadelöhr Westenried quälen müssten. Auch das Landsratsamt hätte signalisiert, dass die Westumgehung für Westentried die beste Lösung aller Verkehrsprobleme sei. Fazit: Die Westtangente wird Westenried politisch noch viel Kopfzerbrechen machen und die Bürger in zwei Lager teilen: Befürworter und Gegner!

HSU	Name:	Klasse:	Datum:	Nr.

Meinungen: Braucht Westenried die Westumgebung?

Die Frage, ob die Gemeinde Westenried die Westumgehung braucht oder nicht, spaltet die Bürger in zwei Lager. Die einen sagen ja, die anderen nein:

Herr Andorfer, bewohnt ein Haus direkt am Marktplatz:
„Das ständige Schalten unten an der Kreuzung ist kaum mehr auszuhalten. Tag und Nacht dringen Motorlärm und Abgase in mein Schalfzimmer. Unsere kleine Monika (7 Jahre) findet keinen ruhigen Schlaf mehr. Aber auch wir Erwachsenen werden nervös und gereizt. Ganz nebenbei: An den Zimmerwänden entstehen Risse - daran sind die Erschütterungen durch den schweren LKW-Verkehr schuld, der sich über unseren Marktplatz wälzt!"

Herr Neidlinger, Bäckermeister und Cafebesitzer am Marktplatz:
„Soll ich meine Brötchen später mit ein paar Einheimischen machen? Die Naherholer aus München bringen mir doch an den Sommerwochenenden das große Geld. Westenried ist Fremdenverkehrsort Nummer 1 in unserem Landkreis. Ist die Umgehungsstraße einmal gebaut, fährt doch der gesamte Urlauberverkehr an uns vorbei - das bedeutet allein für mich: Umsatzrückgang um 50 Prozent!

Frau Tippermann, Sekretärin, wohnt in Westenried Mitte:
„Wenn ich morgens ins Büro fahre, ist es kaum noch möglich, dies in 30 Minuten zu schaffen. Früher habe ich das in 10 Minuten geschafft. In den Stoßzeiten ist meist eine 3/4 Stunde Stau leicht drin. Und weil sich alle Verkehrsteilnehmer durch die eng gewordene Römerstraße zwängen, hätte ich beinahe kürzlich ein Kind überfahren. Westenried ist für einen Autofahrer ein Nadelöhr geworden."

Frau Greim, Kämmerin der Großgemeinde:
„Unser 1000 Jahre altes Westenried hat Sehenswürdigkeiten in großer Zahl. Auch die Freizeiteinrichtungen können sich sehen lassen. All das kostet aber viel Geld. Die Wartungs- und Unterhaltskosten, die teuren Renovierungsarbeiten an der Burgmauer, aber auch die Personalkosten dafür machen eine Menge im Gemeindehaushalt aus. Wenn die Umgehungsstraße kommt, gehen die Gewerbesteuereinnahmen zurück. Woher dann das Geld für den Etat nehmen?"

Herr Pfleger, Vereinsvorsitzender „Denk mal nach!":
„Das Kirchenschiff von St. Vitus hat im Gewölbe bereits einen zentimeterdicken Riss. Wenn sich weiter der Fernverkehr durch unseren Ort wälzt, besteht Einsturzgefahr. Die Säulenheiligen sind ja sowieso schon von den Autoabgasen bis zur Unkenntlichkeit zersetzt. Deshalb meine ich: Fußgängerzone im Innenbereich des Marktes, Fernverkehr raus! Wenn ich bedenke, was mit den Kulturdenkmälern passiert, kommt mir der heilige Zorn!"

Herr Gabor, Tankstellenbesitzer Westenried Mitte:
„Kommt die Umgehungsstraße, kann ich meine KFZ-Werkstätte zumachen. Das Tankstellengeschäft ist sowieso schon schlecht, seit draußen am Autobahnzubringer die Konkurrenz ist. 20 Jahre habe ich nun meinen Betrieb aufgebaut. Und jetzt? 6 Leute verlieren die Arbeit. Wie sollen wir unsere Familien ernähren?"

HSU	Name:	Klasse:	Datum:	Nr.

Wie können die Bürger ihrer Meinung besser Gehör verschaffen?

Die Lokalpresse ist nun voll von Berichten zum Thema „Westumgehung - ja oder nein?“

O Der ADAC-Ortsverband Westenried beruft eine Mitgliederversammlung ein. Die Mehrzahl der Mitglieder spricht sich für eine Umgehungsstraße aus und beauftragt ihre Vorstandschaft, sich beim Bürgermeister für eine Umgehungsstraße einzusetzen.

O Die Lärm geschädigten Anwohner der Hauptstraße schließen sich zu der Bürgerinitiative „Römerstraße“ zusammen. In mehreren Sitzungen wird das Für und Wider erörtert. Maßnahmen zur Durchsetzung des Baus der Umgehungsstraße werden beschlossen.

O Der Bauernverband protestiert gegen den Verlust wertvollen Ackerlandes durch die neue Straße.

O Der BUND Naturschutz protestiert gegen die Westumgehung mit einer Demo, weil mit dem Bau der Westumgehung ein wertvolles Biotop mit seltenen Wassertierarten bedroht ist.

O Eine Mitgliederversammlung des Hotel- und Gaststättenverbandes weist als Haupttagesordnungspunkt den geplanten Bau einer Umgehungsstraße auf. Die Mehrzahl der Mitglieder spricht sich gegen den geplanten Bau aus.

O In zahlreichen Versammlungen sprechen die Parteien mit ihren Mitgliedern, mit Fachleuten und mit ihren Gemeinderäten über das Ja und Nein zur Umgehungsstraße. Bei den beiden großen Parteien entscheidet sich in Mitgliederversammlungen jeweils die Mehrheit für eine Umgehungsstraße. Die Mitglieder fordern ihre Fraktion im Gemeinderat auf, sich für die Umgehungsstraße einzusetzen.

Arbeitsaufgaben:

1. Finde einen Sammelnamen für die verschiedenen örtlichen Organisationen, die bisher aktiv wurden:

2. In welcher Gruppe finden Herr Andorfer, Frau Tippermann und Herr Pfleger

Herr Neidlinger, Frau Greim und Herr Gabor ihre Interessen am besten vertreten?

3. Ordne die Interessengruppen nach

Befürworter	Gegner

HSU	Name:	Klasse:	Datum:	Nr.

Lösung: Wie können die Bürger ihrer Meinung besser Gehör verschaffen?

Folienbilder: Westenried früher -Westenried heute

Arbeitsaufgaben:

1. Finde einen Sammelnamen für die verschiedenen örtlichen Organisationen, die bisher aktiv wurden:

Interessengemeinschaften / Interessengruppen

2. In welcher Gruppe finden
Herr Andorfer, Frau Tippermann und Herr Pfleger
Westumgehungsbefürworter
Herr Neidlinger, Frau Greim und Herr Gabor
Westumgehungsgegner
ihre Interessen am besten vertreten?

3. Ordne die Interessengruppen nach

Befürworter	Gegner
Automobilclub *Bürgerinitiative „Römerstraße“* *Partei A* *Partei B*	*Bauernverband* *BUND Naturschutz* *Hotel- und Gaststättenverband*

Wir in der Welt - die Welt bei uns

Die Schüler untersuchen Beispiele für die vielfältigen Beziehungen zwischen einzelnen Regionen, Ländern und Kulturen und gewinnen Einblicke in die Lebensweise der Menschen in einem anderen Land oder Kulturkreis. Dabei können die Schüler die Besonderheiten in der betrachteten Kultur wertschätzen sowie Achtung und Toleranz für andere Sicht- und Lebensweisen entwickeln.

LZ 1: Das Aufeinandertreffen/Vermischen verschiedener Kulturen i. Umfeld feststellen
LZ 2: Die Lebensweise von Kindern in oder aus anderen Ländern und Kulturen erkunden
LZ 3: Unterschiedliche Lebensweisen achten
LZ 4: Gründe finden, die Heimat zu verlassen
LZ 5: Von Menschenrechten und Kinderrechten wissen

Lehrplanvorgaben:

O ausländische Kinder in der Klasse, gastronomische Betriebe am Heimatort, Warenangebote aus anderen Ländern, kulturelle Veranstaltungen
O sich mit Karte und Globus auf der Erde einen Überblick verschaffen: Herkunftsländer, Herkunftsorte, Transportwege
O Alltag in einem anderen Land, einer anderen Kultur: Wie Kinder spielen, lernen, arbeiten
O Kleidung Ernährung, Familie, Religion, Bräuche, Feste o. Ä.
O Spiele erproben, gemeinsam kochen, Feste feiern
O Kontakte zu Partnerschulen (Brief oder E-Mail), Patenschaften übernehmen
O Toleranz, Respekt und Wertschätzung gegenüber anderen Sichtweisen
O Anderssein als Bereicherung erfahren
O Gründe, die Heimat zu verlassen: kurzfristig, länger, auf Dauer
O sich über Reiseziele informieren: kulturelle Sehenswürdigkeiten, klimatische Bedingungen ...
O Menschen kommen zu uns: unsere Heimat als Reiseziel, als Arbeitsplatz, als Zufluchtsort
O aktuelle Konflikte einbeziehen, Bedeutung von „Heimat“ und „Fremde“ für den Einzelnen
O Kinderrechtskonvention der Vereinten Nationen von 1989
O „Selbstbestimmung“ als ein wesentliches Kinderrecht
O Staatliche Einrichtungen, die Hilfe und Unterstützung bei Problemen geben
O Menschenrechte als Grundlage für die Regeln des Zusammenlebens in der Klasse

Unterrichtliche Umsetzung mit folgenden Arbeitsmaterialien (AB, Folien, Texte usw.):

1. Türkische Familien leben anders
2. Ausländische Kinder in unserer Klasse
3. Wie kann sich Ali in Deutschland besser einleben?
4. Türkische Feste
5. Welche Waren kommen aus welchen Ländern zu uns?
6. Kennst du dich in Europa aus?
7. Miteinander europäisch kochen
8. Wie Kinder in Europa leben
9. So begrüßen und verabschieden wir uns in Europa!
10. Wir gehören alle zu einer großen Familie
11. Wie Kinder auf der ganzen Welt feiern
12. Menschen unterscheiden sich und haben viel gemeinsam
13. Menschen wie du und ich
14. Wir orientieren uns auf dem Globus
15. Warum verlassen Menschen ihre Heimat?
16. Menschen kommen zu uns
17. Worum kümmert sich die UNICEF?
18. Alle Kinder dieser Welt sind gleich

HSU	Name:	Klasse:	Datum:	Nr.

Türkische Familien leben anders (1)

Serkan, Tanyu und Serdar kommen aus der Türkei.
Die Bilder unten erzählen dir etwas aus ihrer Heimat. Was weißt da darüber?

HSU	Name:	Klasse:	Datum:	Nr.

Türkische Familien leben anders (2)

Serkan, Tanyu und Serdar kommen aus der Türkei.

Die Bilder unten erzählen dir etwas aus ihrer Heimat. Was weißt da darüber?

HSU	Name:	Klasse:	Datum:	Nr.

Ausländische Kinder in unserer Klasse

Serkan, Tanyu und Serdar kommen aus der Türkei. Sie verstehen unsere Spache kaum. Ihre Familien haben, weil sie aus einem anderen Land kommen, auch andere Gewohnheiten und Lebensweisen. Georg mag türkische Kinder nicht besonders gern, weil er von seinen Eltern oft ausländerfeindliche Ausdrücke hört. Dann schreit er: „Die Türken raufen!", „Die Türken sind schuld!" und „Mit Ausländern spiele ich nicht!"
Frau Wimmer, die Klassleiterin, nimmt Georg zur Seite und sagt: „Weißt du Georg, ich kann dich verstehen. Alles, was uns fremd ist, macht uns unsicher. Und dann werden wir manchmal auch ungerecht."
Georg überlegt: „Vermutlich hat Frau Wimmer recht mit dem, was sie sagt. Vielleicht sollte ich doch einen Jungen aus der Türkei einmal näher kennen lernen!"
Am nächsten Tag erzählt Frau Wimmer über die Heimat von Serkan, Tanyu und Serdar. Sie zeigt Bilder und spricht über türkische Sitten. Die Kinder der 4b lernen einige türkische Wörter und üben ein Lied aus der Heimat der drei türkischen Buben ein. Frau Wimmer meint: „Je vertrauter uns etwas ist, desto besser können wir damit umgehen!" Georg kombiniert: „Klar, je vertrauter uns Serkan, Tanyu und Sendar sind, desto besser können wir mit ihnen umgehen. - Logo, je vertrauter uns ausländische Kinder sind, desto besser können wir mit ihnen umgehen!"

Arbeitsaufgaben:

1. Wie denkt Georg über seine türkischen Mitschüler?
2. Wie versucht Frau Wimmer, Georgs Vorurteile gegenüber Ausländern abzubauen? Was sagt sie?
3. Nimmt Georg den Rat seiner Lehrerin an?
4. An welche Möglichkeit, einen türkischen Mitschüler kennenzulernen, denkt er?

Am nächsten Tag haben Serkan, Tanyu und Serdar einen türkischen Text an die Tafel geschrieben:

Bizi, adimez Serkan, Tanyu, Serdar.
Biz Amasyadan, Samsundan, Ankaradan geliyoruz.
Bu selzirler Türkiyeden geliyor.
Simdi almanyaya geldig.
Biz ikinci gidiyoruz.
Bizim alman arkadslarmiz war.

Die Klasse hat mit der Lehrerin und mit Unterstützung der drei Buben den Text übersetzt:

Wir heißen Serkan, Tanyu, Serdar.
Wir kommen aus Amasya, Samsun, Ankara.
Diese Orte liegen in der Türkei.
Jetzt leben wir in Deutschland.
Wir gehen in die Klasse 2c.
Wir haben deutsche Freunde.

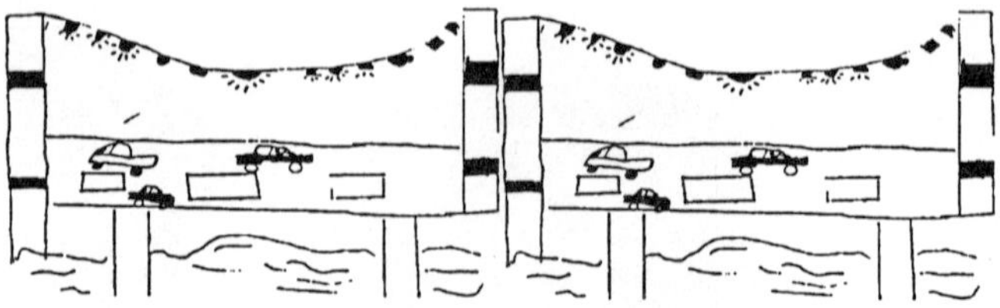

Serdar hat eine Brücke gezeichnet. Das ist die große Brücke über den Bosporus in Istanbul, die Europa und Asien verbindet.

Arbeitsaufgaben:

1. Warum ist die Brücke ein Sinnbild für Völkerverständigung?
2. Kreuzt an, welche Wünsche ausländische Kinder genauso haben wie wir?
O in Frieden leben und miteinander gut auskommen   O gegenseitig Rücksicht nehmen
O jeden so nehmen, wie er ist   O dem anderen verzeihen, auch wenn er einmal Fehler macht
O sich gegenseitig misstrauen und kontrollieren   O sich gegenseitig die Unwahrheit sagen

HSU	Name:	Klasse:	Datum:	Nr.

Wie kann sich Ali in Deutschland besser einleben?

Ali ist neu in Deutschland. Er kommt aus dem Libanon. Er flüchtete mit seinen Eltern vorm Krieg. Er ist erst seit einer Woche bei uns.

Arbeitsaufgabe:
Tragt ein, wie ihr Ali helfen könnt, sich in Deutschland einzuleben!

in der Klasse ______________________________

auf dem Pausehof ______________________________

____

am Nachmittag ______________________________

____

am Wochenende ______________________________

Ausländerkinder haben es schwer bei uns, ... (Kreuzt an!)

O weil sie oft Sprachschwierigkeiten haben
O weil sie leicht eine Ausbildungsstelle finden
O weil sie oft ganz anders gekleidet sind
O weil es viele Vorurteile gegen sie gibt
O weil es keine Vorurteile gegen sie gibt
O weil sie selten deutsche Freunde finden
O weil sie weniger Freizeit haben
O weil sie kaum eine Ausbildungsstelle finden

Merke:
In allen Ländern Europas gibt es Kinder. Es gibt große und kleine, dicke und dünne, ältere und jüngere. Sie sprechen verschiedene Sprachen. Sie unterscheiden sich in der Hautfarbe, im Aussehen, in der Kleidung. Sie haben verschiedene Schulbücher, Lieblingsspeisen, Spiele und Lieder.

Aber:

O Alle wollen leben und glücklich sein.
O Alle wollen satt werden und etwas lernen.
O Alle brauchen Eltern, die uns liebhaben.
O Alle brauchen Freunde, die zueinander halten.
O Alle brauchen Lehrer, die Kindern etwas zutrauen.
O Alle brauchen Mitmenschen, die sich gegenseitig helfen.

Wenn wir Freunde werden wollen, dann sollten wir folgenden Spruch beherzigen:

Miteinander geht es besser,
miteinander geht es gut.
Besonders schön wird dann die Sache,
wenn man sie gemeinsam tut!

HSU	Name:	Klasse:	Datum:	Nr.

Lösung: Wie kann sich Ali in Deutschland besser einleben?

Ali ist neu in Deutschland. Er kommt aus dem Libanon. Er flüchtete mit seinen Eltern vorm Krieg. Er ist erst seit einer Woche bei uns.

Arbeitsaufgabe:

Tragt ein, wie ihr Ali helfen könnt, sich in Deutschland einzuleben!

in der Klasse	*Wir kümmern uns.*
	Wir erklären schwierige Dinge.
	Wir zeigen Geduld.
auf dem Pausehof	*Wir nehmen Rücksicht.*
	Wir unterhalten uns.
	Wir helfen.
am Nachmittag	*Wir zeigen Verständis.*
	Wir geben Vertrauen.
	Wir spielen miteinander.
am Wochenende	*Wir laden uns ein.*
	Wir bieten unsere Freundschaft an.

Ausländerkinder haben es schwer bei uns, ... (Kreuzt an!)

x weil sie oft Sprachschwierigkeiten haben
O weil sie leicht eine Ausbildungsstelle finden
x weil sie oft ganz anders gekleidet sind
x weil es viele Vorurteile gegen sie gibt
O weil es keine Vorurteile gegen sie gibt
x weil sie selten deutsche Freunde finden
O weil sie weniger Freizeit haben
x weil sie kaum eine Ausbildungsstelle finden

Merke:

In allen Ländern Europas gibt es Kinder. Es gibt große und kleine, dicke und dünne, ältere und jüngere. Sie sprechen verschiedene Sprachen. Sie unterscheiden sich in der Hautfarbe, im Aussehen, in der Kleidung. Sie haben verschiedene Schulbücher, Lieblingsspeisen, Spiele und Lieder.

Aber:

O Alle wollen leben und glücklich sein.
O Alle wollen satt werden und etwas lernen.
O Alle brauchen Eltern, die uns liebhaben.
O Alle brauchen Freunde, die zueinander halten.
O Alle brauchen Lehrer, die Kindern etwas zutrauen.
O Alle brauchen Mitmenschen, die sich gegenseitig helfen.

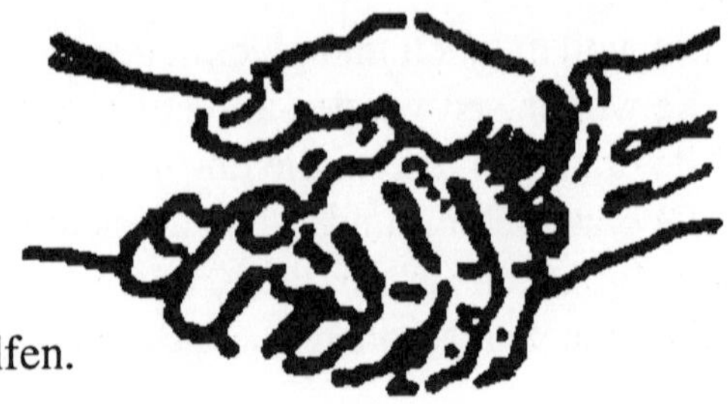

Wenn wir Freunde werden wollen, dann sollten wir folgenden Spruch beherzigen:

**Miteinander geht es besser,
miteinander geht es gut.
Besonders schön wird dann die Sache,
wenn man sie gemeinsam tut!**

HSU	Name:	Klasse:	Datum:	Nr.

Türkische Feste

Serkan, Tanyu und Serdar erzählen über Sitten, Bräuche und Feste aus ihrer Heimat. Serkan sagt: „ Im Frühjahr beginnt bei uns Muslime die Fastenzeit. Sie heißt Ramadan. Wenn Ramadan ist, dürfen die Menschen nur essen und trinken, wenn die Sonne untergegangen ist. Wir Kinder müssen nicht fasten. Vier Wochen später ist das Fasten zu Ende. Wir Muslime feiern dann ein großes Fest. Es heißt Zuckerfest oder kleines Hammelfest. Es ist ein Fest wie in Deutschland Weihnachten. Alle Familien und Freunde treffen sich und feiern. Dann singen wir:

Gu-guk gu-guk ne mes-ut-sun
Gu-guk gu-guk ne mes-ut-sun
U-lu or-man-la o sen yu-van-la
O-sen se-sin-le hos Ö-tü-sün-le
Gu-guk gu-guk   Gu-guk gu-guk

Das Zuckerfest dauert drei Tage. Nach dem Festgebet in der Moschee frühstückt die Familie gemeinsam und besucht dann Verwandte, Freunde und Nachbarn. Dabei schenkt man sich vor allem Zuckersachen.

Der Islam, unsere Religion, bestimmt das Leben vieler türkischer Familien. Wir Muslime beten fünfmal am Tag zu Allah, unserem Gott, und feiern große religiöse Feste. Jeder, der eine Moschee betreten will, muss vorher seine Schuhe ausziehen. In der Moschee tragen alle Gläubigen eine Kopfbedeckung.“

Arbeitsaufgaben:

1. Wie bestimmt der Islam das Leben der türkischen Familien?
2. Vergleicht das religiöse Leben der Muslime mit dem religiösen Leben von uns Christen bezüglich: Gottesdienst, Gottesname, Gebet, Kirchenbau, Feste
   - Welche Gemeinsamkeiten stellt ihr fest?
   - Wo gibt es Unterschiede?
3. Vergleicht unten die jeweiligen Bildpaare und erklärt den Zusammenhang!
4. Sammelt Informationen mit Hilfe des Internets über die Türkei und stellt eure Ergebnisse auf Plakaten im Klassenzimmer aus!

HSU	Name:	Klasse:	Datum:	Nr.

Welche Waren kommen aus welchen Ländern zu uns?

So lange es Völker auf unserer Erde gibt, so lange gibt es auch den Handel zwischen ihnen. Vor 500 Jahren war das italienische Venedig der Umschlagplatz für Pelze und Bernstein aus dem Norden und Seide und Gewürze aus dem Orient. In Rotterdam befindet sich heute das Zentrum der gesamten Rohölversorgung für Europa, wo alle Tanker aus Arabien und anderen Ländern einlaufen. Europa hat mit den Ländern des Mittelmeers sowie mit Ländern des Nahen und Fernen Osten stets Handel getrieben. Heute sprechen wir sogar vom Welthandel.

Arbeitsaufgabe:

1. Sucht die Länder auf einer Weltkarte!

2. Überlegt, welche Waren aus diesen Ländern zu uns nach Deutschland kommen!

3. Malt die passenden Kärtchen (Ware - Land) mit der gleichen Farbe aus und erklärt!

Orangen	Indien
Tee	Israel
Spaghetti	China
Seide	Italien
Tabak	Türkei
Zitronen	Frankreich
Rotwein	Tunesien
Datteln	Spanien

Erdöl	Brasilien
Teppiche	Karibik
Baumwolle	Bulgarien
Oliven	Ungarn
Paprika	Griechenland
Schafkäse	Ägypten
Zucker	Iran
Kakao	Kuwait

HSU	Name:	Klasse:	Datum:	Nr.

Kennst du dich in Europa aus?

Arbeitsaufgaben:

1. Aus welchen Ländern kommen diese Menschen? (Tragt die Ländernamen ein!)
2. Beschreibt ihre landestypische Kleidung!
3. Welche Waren werden in diesen Ländern hergestellt?
4. Wie heißen die Hauptstädte der Länder?
5. Wart ihr dort schon in Urlaub? Wenn ja, berichtet darüber!

HSU	Name:	Klasse:	Datum:	Nr.

Lösung: Kennst du dich in Europa aus?

Arbeitsaufgaben:

1. Aus welchen Ländern kommen diese Menschen? (Tragt die Ländernamen ein!)
2. Beschreibt ihre landestypische Kleidung!
3. Welche Waren werden in diesen Ländern hergestellt?
4. Wie heißen die Hauptstädte der Länder?
5. Wart ihr dort schon in Urlaub? Wenn ja, berichtet darüber!

HSU	Name:	Klasse:	Datum:	Nr.

Miteinander europäisch kochen

Gänsebraten aus Polen - Anna Karpinska berichtet:

Zubereitung: 1 küchenfertige Gans von 4000 g, dazu Salz und Pfeffer

Füllung: 50 g Sultaninen, 50 g Korinthen, 500 g feinsäuerliche Äpfel, 3 El Butter, 1 Prise Salz

Die Gans innen und außen waschen, trocknen und kräftig mit Salz und Pfeffer einreiben. Sultaninen und Korinthen in 1/8 l heißem Wasser quellen lassen; Äpfel schälen, entkernen und in Achtel schneiden. In der erhitzten Butter 5 Minuten braten. Abgetropfte Sultaninen und Korinthen einmischen. Leicht salzen. Gans damit füllen. Öffnung mit Pouladennadeln schließen. Gans in Fettpfanne legen. Mit gut 1/4 l kochendem Wasser begießen. Im vorgeheizten Ofen (mittlere Schiene) 2 Stunden 30 Minuten braten bei 200 Grad. Beilagen: Rotkohl, Kartoffelknödel

Pizza aus Italien - Daniela Damiano sagt, wie's geht:

Zutaten: Pizza-Teig: 400 g - 450 g Mehl, 1 gestrichener Tl Salz, 20 g frische Hefe, 190 ml lauwarmes Wasser, eventuell 2 El kalt gepresstes Olivenöl.

Das Mehl in eine große Schüssel sieben und Salz darauf streuen. Eine Mulde drücken und die Hefe hineinbröckeln oder streuen. Mit 7 El warmen Wasser verrühren. Etwas Mehl darüber streuen, zugedeckt an einen warmen Platz 15 Minuten gehen lassen, bis sich an der Oberfläche Risse zeigen. Mehl, Hefeansatz, das restliche Wasser und Olivenöl zu einem Teig durcharbeiten. Etwa 10 Minuten kräftig durchkneten, bis der Teig elastisch ist und nicht mehr klebt. Zugedeckt an einen warmen Platz erneut 20 - 30 Minuten gehen lassen, bis sich das Volumen verdoppelt hat. Teig ausrollen auf ein bzw. zwei Bleche.

Dann legst du alles, was dir schmeckt, auf die Pizza: Zwiebeln, Spinat, Ruccola, Tomaten, Schinken, Salami, Pilze, Meeresfrüchte und und und selbstverständlich Kääääääse!

Kaiserschmarrn aus Österreich - Hansi Vorderseer erklärt:

Zutaten: 300 g Mehl, Salz, 1/2 l Milch knapp, 5-6 Eier getrennt, 50 g Butter zerlaufen lassen, 80 g Rosinen oder Weinbeeren, 2 El Rum, Fett zum Backen, Puderzucker zum Bestreuen

Mehlschmarrnteig mit getrennten Eiern herstellen. Zerlassene, lauwarme Butter und gebrühte, gut abgetropfte Rosinen oder Weinbeeren und Rum unterrühren. Zuletzt sehr steifen Eischnee unterziehen. Fett in Stielpfanne erhitzen, etwa 1 cm hohe Teiglage eingießen (dünne Teiglagen ergeben zähen Schmarrn), gut anbacken lassen, wenden, wieder anbacken lassen, dann in etwas größere Stücke wie Mehlschmarrn zerstoßen oder mit zwei Gabeln reißen. Goldgelb backen lassen. Nach Belieben etwas zuckern und etwas rösten, bis Schmarrn glänzt. Bei größeren Mengen fertigen Schmarrn in geschlossenem Topf, mit wenig Zucker bestreut, bei schwacher Hitze durchziehen lassen. Schmarrn auf heißer Platte anrichten, nach Belieben mit Puderzucker bestreuen.

Gulaschsuppe aus Ungarn - Milos Gabor rührt den Kochlöffel:

1,2 kg gemischtes Gulasch, 500 g Zwiebeln, 100 g durchwachsener Speck, 3 El Öl, 2 El Tomatenmark mit Suppengrün (aus der Tube), 1 1/2 l Fleischbrühe, Salz, frisch gemahlener Pfeffer, 1 El Edelsüß-Paprika, 2-3 mehlig kochende Kartoffeln, Cayennepfeffer, 1 El dunkler Soßenbinder.

Fleischstücke klein schneiden, Zwiebeln würfeln, Speck in kleinen Würfeln in heißem Öl bei kleiner Hitze braten. Speck mit einer Schaumkelle aus dem Fett heben und beiseite stellen. Gulasch in mindestens drei Portionen teilen. Eine Portion im heißen Speckfett so lange braten, bis keine Flüssigkeit mehr vorhanden ist und das Fleisch rundherum kräftig dunkelbraun ist. Fleisch mit einer Schaumkelle aus dem Topf nehmen und beiseite stellen. Die anderen Fleischportionen in je einem Esslöffel Öl genauso braten. Tomatenmark zur letzten Portion Fleisch geben und kurz mitdünsten. Zwiebeln dazugeben und hellbraun braten. Das angebratene Fleisch und die Speckwürfel in einen Topf geben. Brühe zufügen und mit Salz, Pfeffer und Paprika würzen. Alles bei kleiner Hitze etwa 45 Minuten kochen. Kartoffeln schälen, fein würfeln, zur Suppe geben und etwa 15 Minuten weiterkochen. Mit Salz, Pfeffer und Cayennepfeffer abschmecken und mit Soßenbinder andicken!

***Kochaufgabe:** Erkundigt euch nach weiteren europäischen Speisen, z. B. Paella aus Spanien!*

HSU	Name:	Klasse:	Datum:	Nr.

Wie Kinder in Europa leben

Europa - Kinderland, wir geben uns die Hand.
Wozu sind Grenzen da - für Jill und Jack, für Jan und Julia?
Kleine Europäer - rücken immer näher - immer näher aufeinander zu. - Wie ich und du.
Gehn auf ihren Wegen - sich ein Stück entgegen:
Grüezi! Comeva? How do you do? How do you do?
Fährst du nach Kastilien oder nach Sizilien?
Sag mal, wo kommst du denn grade her, so ungefähr?
So hört man sie reden - bis hinauf nach Schweden - und sie tun, als ob das gar nichts wär'.
Europa - Kinderland, wir geben uns die Hand.
Doch Kinder werden groß, - und ihre Träume werden grenzenlos.
Kleine Europäer - rücken immer näher, - immer näher aufeinander zu. - Wie ich und du.
Denken ohne Schranken, frei sind die Gedanken:
Pronto? Quiestcequecest? Was sagst du nu? Tiramisu!
Trinken oder speisen, wenn sie mal verreisen,
was man von Zuhause gar nicht kennt, oder verpennt.
Hören neue Lieder, - fragen immer wieder - wie man dies und das woanders nennt.

Isabell:
„Meine Mutter kommt aus Ungarn. Ihre Heimatstadt ist Budapest. Buda war früher eine Stadt und Pest war die andere Stadt. Und mittendurch fließt die Donau. Später hat man viele Brücken über die Donau gebaut. Wenn ihr sie lesen wollt, schreibe ich sie gerne auf. Die Brücken heißen: Ärpad-hid, Margit-hid, Lanc-hid, Erzsebet-hid, Szabatsag-hid und Petöfi-hid. Ja, so heißen die sechs Brükken, von Norden nach Süden aufgezählt. Von der Fischer-Bastei neben der Matyas-Kirche hat man einen herrlichen Blick auf die vielen Brücken und auf das schöne Parlament."
Ekatarina:
„Wenn ich nach Polen fahre, freue ich mich besonders, meinen Onkel in den Bergen zu besuchen, weil er dort einen tollen Kletterbaum hat. Auf dem Baum spiele ich von morgens bis abends mit meinen Cousinen. Meine Geburtsstadt aber ist Krakow. Dort wohnen meine Großeltern und mein liebster Onkel. Mit ihm gehen wir oft zusammen spazieren. Letztes Mal waren wir im Schloss Wawel. Früher war es ein Sitz der König Polens. Es gibt viele schöne Sachen, die an diese Zeit erinnern, z. B. Wandteppiche, Silberbesteck, Tafelsilber, Schwerter, Keramik. Das schönste in dem Schloss ist die Kapelle, die Kuppel ist vergoldet. Innen befinden sich sehr schöne Figuren der Heiligen und einiger polnischer Könige. Oben im Turm hängt die Sigismund-Glocke. Die zweite Schönheit der Stadt ist der Marktplatz mit den Tuchhallen und der Marienkirche."
Franzi:
„Ich war letztes Jahr bei meiner Oma in Spanien. Weil ich länger dort bleiben wollte, musste ich in die spanische Schule gehen. Dort war vieles anders als hier in unserer Schule. Zum Beispiel: Jedes Kind hatte einen Schreibtisch, bei dem man die Platte hochklappen konnte, für sich allein. Unter der Platte war ein Fach,in das man Bücher und Hefte legen konnte. Die Kinder dort kannten keinen Tinten-Killer. Das Lieblingsessen in Spanien, genauer gesagt in Andalusien, ist Paella. Weihnachten wird in Spanien genauso gefeiert wie in Deutschland, aber die Geschenke bekommt man erst am 6. Januar. In diesem Land haben die Kinder zweieinhalb Monate Sommerferien. In Spanien trinken die Menschen mehr Wein als Bier und essen mehr Fisch als Fleisch. Der Namenstag wird dort genauso gefeiert wie der Geburtstag, und man bekommt auch am Namenstag viele Geschenke. Nicht schlecht, oder?"
Arbeitsaufagbe:
Sammelt ähnliche Berichte aus anderen Ländern Europas oder der Welt, gebt Bilder dazu und stellt alles auf Plakaten im Klassenzimmer aus! Gestaltet evtl. ein kleines „Buch der Länder"!

HSU	Name:	Klasse:	Datum:	Nr.

So begrüßen und verabschieden wir uns in Europa!

Es ist doch ganz gut, wenigstens einen Gruß in einer anderen Sprache zu kennen. Zusammen mit einem Lächeln kann es Brücken schlagen ohne viele Worte.

Arbeitsaufgabe:

1. Lest die Begrüßungs- und Abschiedsformeln durch und lernt sie auswendig!
2. Klebt oder malt in die Tabelle die Flaggen der einzelnen Länder!
3. Welche Wörter oder Sätze aus europäischen Ländern kennt ihr? Stellt sie euren Mitschülern vor!

Flagge	Land	Begrüßung	Verabschiedung
	Belgien	bonjour/goedemorgen	au revoir/tot ziens
	Deutschland	Guten Morgen	Auf Wiedersehen
	Dänemark	gud dag	Farvel
	Finnland	hyvää huomenta	näkemiin
	Frankreich	bonjour	au revoir
	Griechenland	Kali mera	giasou
	G.-Britannien	good morning	goodbye
	Irland	Dia dhuit	Slan leat (gälisch)
	Italien	buon giorno	arrivederci
	Luxemburg	Moien bonjour	Äddi au revoir
	Niederlande	bonjour Moien	Äddi au revoir
	Österreich	Grüß Gott	servus
	Portugal	bon dia	adeus
	Schweden	god morgon	AdjöÄddi Au revoir
	Spanien	buenas dias	adios

HSU	Name:	Klasse:	Datum:	Nr.

Wir gehören alle zu einer großen Familie

Arbeitsaufgabe:

1. Übersetzt den englischen Liedtext ins Deutsche?
2. Was bedeutet er?
3. Verfasst ähnliche Vierzeiler!
4. Versucht in Erfahrung zu bringen, wie Kinder in anderen Ländern spielen, lernen und arbeiten!

The ink is black
the page is white
together
we learn to read and write

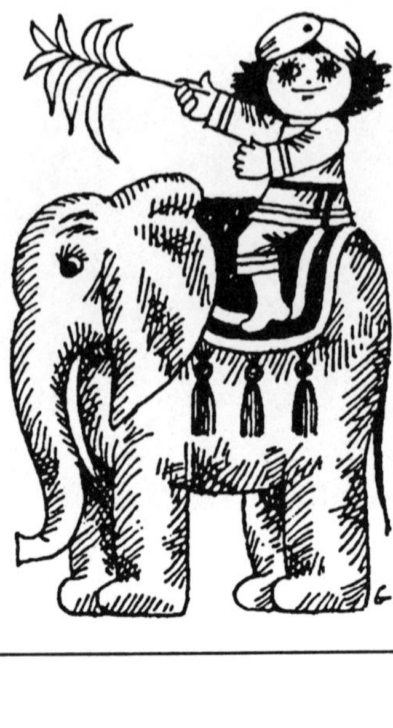

HSU	Name:	Klasse:	Datum:	Nr.

Wie Kinder auf der ganzen Welt feiern

Mai, Frühling, Blüten, Blumen, Natur! Wen lockt es da nicht ins Grüne, um Feste zu feiern, die Natur im Frühling zu erleben? Hierzulande gibt es auch eine Reihe von Feiertagen, die meistens in den Mai fallen: 1. Mai, Chrsiti Himmelfahrt, Fronleichnam und Pfingsten.

Schauen wir doch einmal nach Fernost.
Auch hier wird im Mai gefeiert, z.B. in Japan.
Der 5. Mai ist dort speziell den Kindern gewidmet. Es ist ein ganz normaler Tag (kein Feiertag), an dem sich die Kinder nach Herzenslust mit Spielen austoben können. Vor den Häusern werden an diesem Tag Fahnen gehisst. Man lässt Drachen steigen, die in ihrer Form an Karpfen erinnern. Klar, dass diese Drachen schon lange vor dem Kinderfest selbst gebastelt werden.
Es gibt jede Menge von Kuchen, Keksen und Hamburger für die Kinder.
Die Jungen bekommen Reiskuchen, weil er angeblich „tapfer macht“.

Blumentanz und Maikörbe in England
Beim Blumentanz in England wird der Winter ausgetrieben. Den ganzen Tag über wird getanzt, die Tänzer bewegen sich durch das ganze Dorf, durch die Vordertüren der Häuser hinein und durch die Hintertüren der Häuser wieder hinaus. Zum Schluss gibts das Dorffest mit Semmelpudding und reichlich Rosinen, Korinthen und kandierte Früchte. Dazu Zitronensoße.
Zum 1. Mai schenkt man sich Blumenkörbe, wie sichs gehört heimlich! Die Kinder dürfen beim Ver- und Beschenken nicht erwischt werden. Da jedoch die Strafe hierfür eine angenehme Sache ist - jedes erwischte Kind wird mit Schleckereien, Kuchen und Süßigkeiten „bestraft“ - lassen sie sich nur zu gerne dabei erwischen.

1. Mai in Dänemark
Am 1. Mai wird in Dänemark - so sagt man - „ der Sommer ins Land geritten“. Dabei reitet der Maigraf und sein Gefolge mit Begleitung von Musik durchs Dorf und wirft dabei den Mädchen grüne Kränze zu. Hat ein Mädchen einen Kranz erhalten, schließt es sich diesem Zug an. Am Ende treffen sich alle im Dorfwirtshaus zu Tanz und Schmaus.

Arbeitsaufagbe:
Sammelt ähnliche Berichte aus anderen Ländern Europas oder der Welt, gebt Bilder dazu und stellt alles auf Plakaten im Klassenzimmer aus! Gestaltet ein kleines „Welt-Buch der Bräuche“!

HSU	Name:	Klasse:	Datum:	Nr.

Menschen unterscheiden sich und haben viel gemeinsam

Arbeitsaufgabe:

1. Welche Länder sind hier vertreten?
2. Was machen die Menschen?
3. Warum kann die Andersartigkeit von Menschen für uns bereichernd sein?

HSU	Name:	Klasse:	Datum:	Nr.

Menschen wie du und ich

In vielem sind alle Menschen gleich. Sie arbeiten, lernen, feiern Feste, verehren einen Gott, empfinden Hunger und Schmerz ebenso wie Freude und Frieden. Unterschiedlich sind die Hautfarbe, die Sprache, die Kleidung, die Wohnungen und Behausungen.

In den letzten Jahrzehnten ist die Weltfamilie immer näher zusammengerückt. Kulturen vermischen sich.

____

____

____

____

____

Gesetze regeln unser Zusammenleben. Sie bestimmen, dass alle Menschen gleich sind. Wir finden diese wichtigen Sätze im Grundgesetz:

____

____

____

____

____

____

____

HSU	Name:	Klasse:	Datum:	Nr.

Lösung: Menschen wie du und ich

In vielem sind alle Menschen gleich. Sie arbeiten, lernen, feiern Feste, verehren einen Gott, empfinden Hunger und Schmerz ebenso wie Freude und Frieden. Unterschiedlich sind die Hautfarbe, die Sprache, die Kleidung, die Wohnungen und Behausungen.

In den letzten Jahrzehnten ist die Weltfamilie immer näher zusammengerückt. Kulturen vermischen sich.

O Wir achten unterschiedliche Lebensweisen
O Wir tolerieren die andere Sitten und Gebräuche
O Wir respektieren ausländische Mitbürger
O Wir schätzen andere Sichtweisen
O Fremdes und Anderes kann bereichern

Gesetze regeln unser Zusammenleben. Sie bestimmen, dass alle Menschen gleich sind. Wir finden diese wichtigen Sätze im Grundgesetz:

1.
Alle Menschen sind vor dem Gesetz gleich.
2.
Männer und Frauen sind gleichberechtigt.
3.
Niemand darf wegen seines Geschlechts, seiner Abstammung, seiner Rasse, seiner Heimat und Herkunft, seiner religiösen und politischen Anschauungen bevorzugt oder benachteiligt werden.

HSU	Name:	Klasse:	Datum:	Nr.

Wir orientieren uns auf dem Globus

Auf dem Globus sind alle Erdteile versammelt. Du drehst ihn einmal um seine Achse: Da liegen sie rund um die Kugel verteilt wie in Wirklichkeit auf der Erde.
Auf den 7 Erdteilen liegen auch die Länder verstreut, aus denen vielleicht Mitschüler aus eurer Klasse kommen. Sie haben oft eine andere Kultur, eine andere Religion, sie essen unterschiedliche Speisen, sie haben vielleicht sogar eine andere Hautfarbe.

Arbeitsaufgabe:

1. Sucht die Länder auf einer Weltkarte, aus denen eure ausländischen Mitschüler kommen!
2. Erkundigt euch, wie der Alltag in diesen Ländern aussieht!
3. Wie spielen, lernen, arbeiten dort die Kinder?
4. Lasst euch von ausländischen Mitschülern über deren Kleidung, Ernährung, Familie, Religion, Bräuche und Feste berichten!
5. Nehmt über das Internet Kontakt auf mit Schulen auf verschiedenen Kontinenten. Orientiert euch auf deren Home-Pages!
6. Leiht euch aus der Bücherei einen Kinder-Atlas und malt die sieben Erdteile (Kontinente) mit entsprechenden Farben aus:
Afrika = schwarz Asien = gelb Australien = grün Europa = braun
Nordamerika = rot Südamerika = orange Südpol (Antarktis) = blau

Merke:
Das ist das Erdteil-ABC!
Zuerst 3 A und dann 1 E,
1 N, 2 S und Ende:
gibt 7 Kontinente!
(Wenn du die letzten Buchstaben der 7 Erdteile zusammen liest, ergeben sie als Lösungswort einen Mädchennamen und den Namen eines länglichen Fisches!)

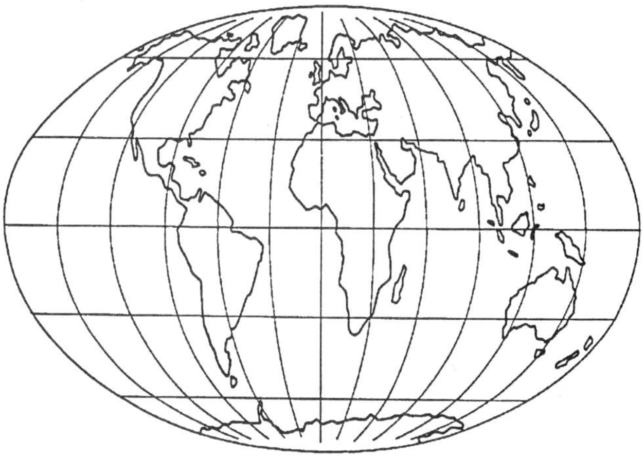

7. Wir spielen eine kleine Runde „Stadt-Land-Fluss". Könnt ihr für jede Spalte etwas finden?

	AFRIKA	ASIEN	AUSTRALIEN	EUROPA	N-AMERIKA	S-AMERIKA	SÜDPOL
Stadt							
Land							
Fluss							
Berg							
Tier							
Pflanze							
Ware							

HSU	Name:	Klasse:	Datum:	Nr.

Wir verschaffen uns einen Überblick auf der Erde (1)

Bildet zu den sieben Erdteilen sieben Gruppen, bearbeitet folgende Arbeitsaufgaben und stellt eure Ergebnisse in einem Referat der Klasse vor, wenn möglich mit Bildern und Plakaten!

Gruppe 1: Afrika

1. Warum wird Afrika auch der „ schwarze Erdteil „ genannt?
2. Nennt 5 bekannte Länder Afrikas?
3. Herrscht in Afrika ein einheitliches Klima?
4. Was gibt es in den Naturparks Afrikas zu bestaunen?
5. Könnt ihr Entdeckergeschichten ausfindig machen?
6. Hatten die afrikanischen Völker von Anfang an auch ihre eigenen Staaten?
7. Welche Waren kommen aus Afrika und wie sind die Transportwege zu uns?
8. Berichtet über Dinge, die ihr selbst besonders wichtig findet und eueren Mitschülern gerne mitteilen wollt!

Gruppe 2: Asien

1. Warum wird Asien auch der „gelbe Erdteil“ genannt?
2. Wie heißt das größte Land Asiens? Stellt es kurz vor!
3. Stellt einzelne Länder wie Indien, Japan, Arabien und Sibirien kurz vor!
4. Asien hat alle fünf Weltreligionen hervorgebracht. Welche sind das?
5. Der Ural trennt Asien von Europa. Wer oder was ist der Ural?
6. Könnt ihr etwas über das Klima in Asien herausfinden?
7. Welche Waren kommen aus Asien und wie sind die Transportwege zu uns?
8. Berichtet über Dinge, die ihr selbst besonders wichtig findet und eueren Mitschülern gerne mitteilen wollt!

Gruppe 3: Nordamerika

1. Warum wird Nordamerika auch der „rote Kontinent“ genannt?
2. Berichtet über die Eroberung und Besiedlung durch die Weißen (Wikinger, Spanier, Engländer) und erklärt, was mit den Ureinwohnern (Indianern, Majas, Inkas, Azteken) geschah!
3. Wie entstanden die „Vereinigten Staaten von Amerika“ (United States of America = USA)?
4. Nennt fünf bekannte Staaten aus den USA und begründet die Auswahl!
5. Berichtet kurz über Kanada und die Karibik!
6. Welche zwei Ozeane grenzen im Osten und im Westen an Nordamerika?
7. Welche Waren kommen aus Nordamerika und wie sind die Transportwege zu uns?
8. . Berichtet über Dinge, die ihr selbst besonders wichtig findet und eueren Mitschülern gerne mitteilen wollt!

Gruppe 4: Südamerika

1. Warum heißt Südamerika auch der „lateinische Erdteil (=Lateinamerika)“? Denkt dabei an die zwei europäischen Hauptsprachen, die in Südamerika gesprochen werden!
2. Berichtet über eine Reise auf dem Amazonas!
3. Stellt die Hauptstadt Brasiliens, Rio de Janeiro, kurz in Wort und Bild vor!
4. Warum gibt es in südamerikanischen Städten sehr viele Elendsviertel?
5. Welche Bodenschätze besitzt der Kontinent?
6. Herrscht in Südamerika ein einheitliches Klima?
7. Welche Waren kommen aus Südamerika und wie sind die Transportwege zu uns?
8. Berichtet über Dinge, die ihr selbst besonders wichtig findet und eueren Mitschülern gerne mitteilen wollt!

HSU	Name:	Klasse:	Datum:	Nr.

Wir verschaffen uns einen Überblick auf der Erde (2)

Bildet zu den sieben Erdteilen sieben Gruppen, bearbeitet folgende Arbeitsaufgaben und stellt eure Ergebnisse in einem Referat der Klasse vor, wenn möglich mit Bildern und Plakaten!

Gruppe 5: Australien und Ozeanien

1. Könnt ihr über die Anzahl der Inseln in Ozeanien Angaben bekommen?
2. Das australische Festland ist die größte Insel der Welt. Wie viele Quadtratkilometer hat sie?
3. Wie oft passt Deutschland in den Inselstaat Neuseeland?
4. Berichtet über die Aborigines, die Ureinwohner Australiens!
5. Warum sind besonders die Südküsten Australiens bewohnt?
6. Stellt eine große Stadt Australiens vor, zum Beispiel Canberra, Sydney oder Melbourne!
7. Welche Waren kommen aus Australien und wie sind die Transportwege zu uns?
8. Berichtet über Dinge, die ihr selbst besonders wichtig findet und eueren Mitschülem gerne mitteilen wollt!

Gruppe 6: Südpol (Antarktis)

1. Klärt zunächst die Frage, ob der Südpol bewohnt ist!
2. Ist der Südpol eine schwimmende Eisinsel oder ein Kontinent, der mit Eis bedeckt ist?
3. Welcher tiefste Gefrierpunkt wurde jemals in der Antarktis gemessen?
4. Berichtet über den so genannten Wettlauf zum Südpol zwischen dem norwegischen Forscher Roald Amundsen und dem Engländer Robert Scott!
5. Lagern unter der Eisschicht der Antarktis Rohstoffe?
6. Welchem Staat gehört der Südpol?
7. Beziehen wir Waren vom Südpol und wenn ja, welche Transportwege führen zu uns?
8. Berichtet über Dinge, die ihr selbst besonders wichtig findet und eueren Mitschülern gerne mitteilen wollt!

Gruppe 7: Europa

1. Warum wird Europa auch der „weiße Erdteil" genannt?
2. Gehört Russland auch zu Europa?
3. Welche europäischen Länder, in denen du gerne Urlaub machst, grenzen an das Mittelmeer?
4. Welche Länder gehören zur so genannten „Europäischen Union"?
5. Nennt 5 wichtige Flüsse Europas und berühmte Städte, durch die sie fließen!
6. Welche Meere umschließen Europa?
7. Woher kommt eigentlich der Name „Europa"?
   (Kleiner Tip: Schlagt nach unter dem Stichwort: Griechische Sagenwelt!)
8. Welche Waren kommen aus unseren europäischen Nachbarstaaten?
9. Berichtet über Dinge, die ihr selbst besonders wichtig findet und eueren Mitschülern gerne mitteilen wollt!

Zusatzaufgaben (als Hausaufgabe):

1. Stellt die internationalen Autokennzeichen Europas vor und erklärt!
2. Stellt Autobahnstrecken durch ganz Europa zusammen und berechnet die Entfernungen in Nord-Süd-Richtung und in Ost-West-Richtung!
3. Was versteht man unter Benelux-Länder?
4. Welche Länder gehören zum Balkan?
5. Lasst euch von euren Mitschülern, die aus dem nicht-europäischen Ausland kommen, ihr Heimatland vorstellen!
6. Stellt eine Ausstellung zusammen mit dem Thema: Wir bauen am Haus Europa!

HSU	Name:	Klasse:	Datum:	Nr.

Warum verlassen Menschen ihre Heimat?

Es gibt viele Gründe, warum Menschen ihre Heimat verlassen. Das kann kurzfristig sein, z. B. für 3 Wochen, weil eine Familie Urlaub macht. Das kann länger dauern, wenn z. B. ein Familienvater aus beruflichen Gründen eine Arbeitsstelle für mehrere Jahre im Ausland annimmt. Es kann aber auch sein, dass Menschen dauernd in der Fremde leben müssen. Zum Beispiel dann, wenn Menschen wegen ihrer Hautfarbe, Religion oder politischen Anschauung im eigenen Land verfolgt werden und in anderen Ländern um Asyl bitten.
Welche Gründe für Ali aus dem Libanon zum Verlassen der Heimat geführt haben, könnt ihr unten nachlesen:

„Ich, Ali, bin im Libanon geboren. Seit ich denken kann, ist bei uns Krieg. Wir waren oft im Bunker. Eines Tages kamen Schützen in unseren Bunker mit kleinen Bomben und Handgranaten. Wir hatten große Angst. Gott sei dank kamen Palästinenser und überwältigten die Schützen. Wir waren gerettet. Einige Wochen später wurden wir ausgebombt. Unser Haus war völlig zerstört. Zwei Tage später überfielen uns wieder die Schützen und verschleppten unseren Vater. Meine Mutter konnte nicht zu ihren Eltern gehen, da meine Mutter katholisch und mein Vater Moslem ist.
Weil meine Mutter nicht mehr wusste, was sie machen sollte, nahm sie das letzte Geld und flog mit uns nach Berlin. Mein Onkel begleitete uns. Wir blieben zwei Monate in Berlin. Wir haben dort Verwandte getroffen. Mein Vater konnte inzwischen fliehen. Von einem Nachbarn hat er erfahren, wo seine Familie war. Mit Hilfe von Freunden konnte er nach Deutschland fliegen.
Von Berlin fuhren wir nach Zirndorf, wo wir unseren Vater trafen. Dort blieben wir zehn Tage. Von Zirndorf holte uns dann Herr Müller vom Sozialamt Dillingen ab und brachte uns nach Donaualtheim. Zu zehnt wohnten wir in einem kleinen Haus. Wir haben nur die Hoffnung, dass wir bleiben dürfen, Papa arbeiten darf und alles etwas besser wird."
aus: Bei uns daheim, Geschichten der Klasse 5e der Hauptschule Dillingen 1986

Arbeitsaufgaben:
1. *Warum verließ Ali mit seiner Mutter den Libanon?*
2. *Berichte über das Schicksal seines Vaters!*
3. *Sucht in einem Atlas den Libanon und erkundigt euch über die dortige politische Lage!*
4. *Warum ist im Libanon seit Jahren Krieg?*

Martina Juric, geboren am 5. 10. 1982 in Bugojno, einem Ort im ehemaligen Jugoslawien, schreibt im Jahresbericht 1992/93 der Grundschule G. folgenden Bericht:

„Meine Heimat ist Bugojno. Sie ist eine kleine Stadt und liegt in West-Bosnien. Vom Volke her bin ich Kroatin. In Bugojno haben wir sehr gut gelebt. Wir hatten ein eigenes Haus und eine Wohnung. Ich habe sehr viele Freundinnen gehabt. Der furchtbare Krieg zerstörte unser Glück.
Das begann so: Am 9. April 1992 hörten wir Bomben und Granatenlärm vom Nachbarort. Es war nur 10 Kilometer entfernt. Von dem Ort kamen viele Flüchtlinge und erzählten uns von den schrecklichen Taten, die die Soldaten an der Zivilbevölkerung begangen. Das löste bei meiner Familie sehr große Ängste aus. Ganz schnell packten wir unsere Koffer und fuhren Richtung Meer. Dort wurden wir in ein Hotel „Jadran" in Tucepi untergebracht. Am Anfang war es wie im Urlaub. Mein Vater kehrte bald nach Bugojno zurück. Mit der Zeit merkte ich, dass es nicht ein Urlaub, sondern ein MUSS ist dort zu sein. Plötzlich waren wir Flüchtlinge. In der Zeit feierte ich meine Erstkommunion. Ich hätte sie viel lieber in Bugojno gefeiert. Das Hotel war nicht für den Winter gebaut, es gab keine Heizung. Bald sagte man uns, dass wir weggehen müssen. Wir wussten nicht wohin! Meine Tante in G. nahm uns auf. So bin ich hier gestrandet. Hier gefällt es mir gut. Trotzdem wünsche ich mir, dass der Krieg bald zu Ende geht und ich wieder nach Bosnien zurückkehren kann.

Arbeitsaufgaben:
1. *Warum musste Martina ihre Heimat verlassen?*
2. *Informiert euch über den damaligen Jugoslawien-Krieg und berichtet vor der Klasse!*

HSU	Name:	Klasse:	Datum:	Nr.

Menschen kommen zu uns

Es gibt viele Gründe, warum Menschen zu uns nach Deutschland kommen.

Deutschland als		
Reiseziel	**Arbeitsplatz**	**Zufluchtsort**
„Ick liebe Heidelbörg in good old Germany, das Oktoberfest in Munich und in Börlin das Brandenbörger Tor. Das Bier ist fantastic, die Pubs sind gemutlich, die Leute nett!" **James Wilson, Detroit, USA** **Arbeitsaufgaben:** 1. Welche Urlaubsregionen zeichnen Deutschland aus? 2. Welche Vorzüge verbinden ausländische Gäste mit Deutschland? 3. Warum ist Deutschland für andere ein beliebtes Reiseziel?	*„Ich bin Pendler und fahre zur Arbeit nach München. Bei BMW verdiene ich deutlich mehr als in Österreich. Ich habe in einem Vorort ein kleines Zimmer und fahre mit der S-Bahn in den Betrieb."* **Georg Westentaler, Ried** **Arbeitsaufgaben:** 1. Welche großen Firmen und Industriebetriebe befinden sich in Deutschland? 2. Welche Produkte werden in Deutschland hergestellt? 3. Warum drängen ausländische Arbeitnehmer auf den deutschen Arbeitsmarkt?	*„In meiner Heimat Persien werde ich politisch verfolgt. Ich habe als junger Mann in Europa Arzt studiert, darf aber den Beruf in Teheran nicht ausüben. Meine Mutter ist Muslime, mein Vater Engländer. Jetzt habe ich politisches Asyl beantragt."* **Raschid Nicolson, Hamburg** **Arbeitsaufgaben:** 1. Warum beantragen Flüchtlinge Asyl in Deutschland? 2. Gibt es ein Recht auf Asyl? 3. Kann das Asylrecht missbraucht werden?
______________	______________	______________

HSU	Name:	Klasse:	Datum:	Nr.

Menschen kommen zu uns

Es gibt viele Gründe, warum Menschen zu uns nach Deutschland kommen.

Gäste besuchen uns Deutsche wegen

Kultur	Klima	Brauchtum
Notiert kulturelle Sehenswürdigkeiten, weswegen andere nach Deutschland kommen! Klebt Bilder ein! 	*Notiert klimatische Bedingungen, die Gäste als Urlauber nach Deutschland bringen! Klebt Bilder ein!* *Ost- und Nordsee:* *Mittelgebirge:* *Hochgebirge (Alpen):*	*Notiert bekannte Feste und Feierlichkeiten, weswegen Gäste aus dem Ausland zu uns kommen! Klebt Bilder ein!*

HSU	Name:	Klasse:	Datum:	Nr.

Worum kümmert sich die UNICEF?

UNICEF ist eine Organisation der UN (=Vereinte Nationen), die sich vor allem um die Kinder in der Welt kümmert. Das heißt, wenn Kinder hungern oder unter menschenunwürdigen Umständen arbeiten müssen, ausgebeutet und gefoltert werden, dann greift UNICEF ein und versucht, die Missstände zu beseitigen. Seit 1948 hilft UNICEF, das Kinderhilfswerk der UN, wo Not am Kind ist.

Text 1:
Hungersnot in Afrika

Tausende Kinder in Westafrika,
die nicht älter als 5 Jahre sind,
haben noch nie
in ihrem Leben
einen Tropfen Regen gesehen.

Das bedeutet Dürre.
Dürre bedeutet Hunger.
Hunger bedeutet Tod.

Immer wieder sind Menschen
von Hunger bedroht.
Nicht nur in Afrika.
Millionen Menschen werden
nicht satt.
Tag für Tag.

UNICEF hilft.
Hilf du UNICEF!

Text 2:
Kinderarbeit in Pakistan

Tausende Kinder in Pakistan,
zwischen 8 und 12 Jahren,
sitzen vor großen Webstühlen
und knüpfen Teppiche,
bis die Finger wund sind
und bluten.

Arbeit ist nicht immer gut.
Arbeit kann Ausbeutung sein.

Immer wieder sind Kinder
von Ausbeutung bedroht.
Nicht nur in Pakistan.
Millionen Menschen suchen
Arbeit.
Menschenwürdige Arbeit.

UNICEF kämpft gegen Kinderarbeit,
hilft mit Arbeitsbeschaffungsprogrammen.
Hilf du UNICEF!

Arbeitsaufgabe:
Verfasst einen ähnlichen Hilferuf für UNICEF!

HSU	Name:	Klasse:	Datum:	Nr.

Alle Kinder dieser Welt sind gleich

Menschenrechte sind die Grundlage für unser Zusammenleben. Menschenrechte sind nicht nur in den Verfassungen der Länder festgeschrieben. Menschenrechte gelten auch für uns: tagtäglich in der Schule, in der Familie, in der Gemeinde, im Volk und im Staat.
Menschenrechte sind:

Menschenrechte gelten auch für Kinder. Die Kinderrechtskonvention der Vereinten Nationen hat 1989 die „Selbstbestimmung“ als wesentliches Kinderrecht herausgestellt und verpflichtet alle staatlichen Einrichtungen, den Kindern und deren Eltern bei Problemen Hilfe und Unterstützung zu gewähren:

1. ____________________
2. ____________________
3. ____________________
4. ____________________
5. ____________________

Tragt unten das Gedicht von Franz Baumann ein, das zeigt, dass alle Menschen gleich sind!

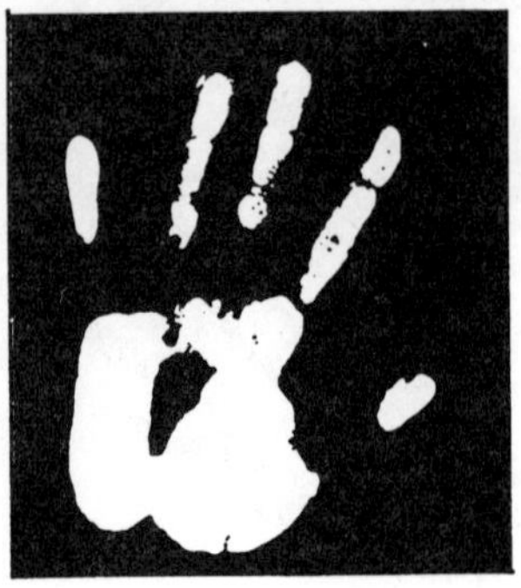

____
____
____
____
____
____

HSU	Name:	Klasse:	Datum:	Nr.

Lösung: Alle Kinder dieser Welt sind gleich

Menschenrechte sind die Grundlage für unser Zusammenleben. Menschenrechte sind nicht nur in den Verfassungen der Länder festgeschrieben. Menschenrechte gelten auch für uns: tagtäglich in der Schule, in der Familie, in der Gemeinde, im Volk und im Staat. Menschenrechte sind:

Entwicklungsmöglichkeit

Gleichheit vor dem Gesetz

Menschenwürde

Schutz der Familie

Freiheit

Freies Reisen

Frieden

Schulbildung

soziale Sicherheit

Briefgeheimnis

Selbstbestimmung

körperliche Unversehrtheit

Freie Meinung Freie Presse

Versammlungsfreiheit

Menschenrechte gelten auch für Kinder. Die Kinderrechtskonvention der Vereinten Nationen hat 1989 die „Selbstbestimmung" als wesentliches Kinderrecht herausgestellt und verpflichtet alle staatlichen Einrichtungen, den Kindern und deren Eltern bei Problemen Hilfe und Unterstützung zu gewähren:

1. Recht auf Name und Staatsangehörigkeit
2. Recht auf Fürsorge in einer Familie
3. Recht auf eigene Meinung
4. Gedanken-, Gewissens- und Religionsfreiheit
5. Schutz vor Misshandlung und sexuellem Missbrauch
6. Recht auf Gesundheitsfürsorge
7. Recht auf angemessenen Lebensstandard
8. Recht auf Chancengleichheit (Auswahl)

Tragt unten das Gedicht von Franz Baumann ein, das zeigt, dass alle Menschen gleich sind!

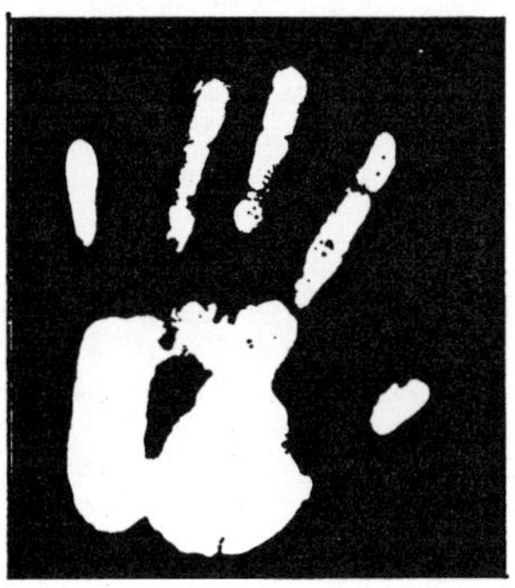

Ein Indianerkind,
ein Negerkind,
ein Chinesenkind
drücken beim Spielen
die Hände in Lehm.
Nun geh hin und sag,
welche Hand ist von wem?